AF524177

# OBSTKUCHEN

## Backen mit heimischem Obst

# DIE DR. OETKER GELING-GARANTIE

## UNSER VERSPRECHEN

Liebe Leserin, lieber Leser,

mit den Rezepten in unseren Koch- und Backbüchern möchten wir Sie und Ihre Lieben glücklich machen. Zum Glück braucht es den Erfolg, und den kaufen Sie mit jedem Dr. Oetker Buch gleich mit.

Dafür gibt es die Dr. Oetker Geling-Garantie. Sie ist unser Versprechen, dass alle Rezepte aus diesem Buch ganz einfach und sicher gelingen. Die Geling-Garantie startet schon bei der Zutatenliste: Alle Zutaten, die wir verwenden, sollten Sie leicht in Ihrem Supermarkt vor Ort einkaufen können. Jeder Zubereitungsschritt ist klar und einfach nachvollziehbar.

Eine Garantie können wir Ihnen aber auch deshalb mit gutem Gewissen geben, weil alle Rezepte dieses Buches von unserem erfahrenen Team entwickelt wurden. Anschließend haben wir jedes Gericht in einer ganz normalen Küche nachgekocht oder nachgebacken. Immer wieder. So lange, bis wir uns sicher waren, dass es gelingt. Und zwar auch bei Ihnen zu Hause.

Was wir versprechen, halten wir auch. Sollte beim Kochen oder Backen eines unserer Rezepte dennoch etwas danebengehen oder Ihnen einfach nicht schmecken, dann lassen Sie es uns wissen. Schreiben Sie oder rufen Sie uns an! Wir werden das Rezept nochmals kritisch prüfen und Ihnen helfen herauszufinden, woran es gelegen haben könnte. Sie erreichen uns unter der Telefonnummer +49 (0) 89 / 54 82 51 5-0. Oder schreiben Sie uns eine E-Mail unter: redaktion-oetker@zsverlag.de

Natürlich freuen wir uns aber auch über weitere Rückmeldungen und über Lob. Ihre Ideen, Kommentare und Fragen können Sie jederzeit auch über Facebook posten: www.facebook.com/Dr.OetkerVerlag. Wir sind für Sie da. Garantiert.

Mit herzlichen Grüßen
Ihre Dr. Oetker Redaktion

# ALLGEMEINE HINWEISE ZU DEN REZEPTEN

## UNSER TIPP

Lesen Sie bitte vor der Zubereitung – besser noch vor dem Einkauf – das Rezept einmal vollständig durch. Oft werden Arbeitsabläufe oder -zusammenhänge dann klarer.

## ARBEITSSCHRITTE

Die Zutaten sind in der Reihenfolge ihrer Verarbeitung aufgeführt. Die Arbeitsschritte sind einzeln hervorgehoben, in der Reihenfolge, in der sie von uns ausprobiert wurden.

## ZUBEREITUNGSZEIT UND BACKZEIT

Die angegebene Zubereitungszeit schließt die Dauer der Vorbereitung und die eigentliche Zubereitung mit ein. Sie ist ein Anhaltswert und kann je nach individuellem Geschick oder Übung natürlich ein wenig variieren. Längere Wartezeiten wie zum Beispiel Kühl- oder Abkühlzeiten oder auch Auftauzeit sind in der Regel nicht in der Zubereitungszeit enthalten. Einzige Ausnahme: In dieser Zeit sind parallel andere Arbeitsschritte zu tun. Die Backzeiten sind extra ausgewiesen. Bei einigen Rezepten setzt sich die Gesamt-Backzeit aus mehreren Teil-Backzeiten zusammen.

## BACKOFENEINSTELLUNG UND BACKZEIT

Die in den Rezepten angegebenen Backofentemperaturen und Backzeiten sind Richtwerte, die je nach individueller Hitzeleistung Ihres Backofens über- oder unterschritten werden können. Prüfen Sie nach Beendigung der angegebenen Backzeit, ob der Kuchen gar ist, bzw. machen sie bei Teigen eine Garprobe. Die Temperaturangaben in diesem Buch beziehen sich auf Elektrobacköfen. Die Temperatur-Einstellungsmöglichkeiten für Gasbacköfen variieren je nach Hersteller, sodass wir keine allgemeingültigen Angaben machen können. Bitte beachten Sie deshalb bei der Einstellung des Backofens die Gebrauchsanleitung des Herstellers. Ein Backofenthermometer eignet sich dabei gut, um die Backofentemperatur im Blick zu haben.

## EINSCHUBHÖHE

In den Rezepten in diesem Buch ist die Einschubhöhe immer dann das untere Drittel des Backofens, wenn nichts anderes angegeben ist.

## HINWEISE ZU DEN NÄHRWERTEN

Bei den Nährwertangaben in den Rezepten handelt es sich um auf- bzw. abgerundete ganze Werte. Aufgrund von ständigen Rohstoffschwankungen und/oder Rezepturveränderungen bei Lebensmitteln kann es zu Abweichungen kommen. Die Nährwertangaben dienen daher lediglich Ihrer Orientierung und eignen sich nur bedingt für die Berechnung eines Diätplans.

## ABKÜRZUNGEN UND SYMBOLE

| | |
|---|---|
| EL | Esslöffel |
| TL | Teelöffel |
| Msp. | Messerspitze |
| Pck. | Packung/Päckchen |
| g | Gramm |
| kg | Kilogramm |
| ml | Milliliter |
| l | Liter |
| evtl. | eventuell |
| geh. | gehäuft |
| gem. | gemahlen |
| ger. | gerieben |
| gestr. | gestrichen |
| TK | Tiefkühlprodukt |
| °C | Grad Celsius |
| ø | Durchmesser |

## KALORIEN-/NÄHRWERTANGABEN

| | |
|---|---|
| E | Eiweiß |
| F | Fett |
| Kh | Kohlenhydrate |
| kcal | Kilokalorien |

# APFEL-BUTTER-MILCH-KUCHEN

**Zubereitungszeit:** 35 Minuten
**Backzeit:** 30–35 Minuten

**ZUTATEN FÜR 20 STÜCKE**

**FÜR DEN RÜHRTEIG:**

- 200 g Butter oder Margarine
- 150 g Kandisfarin (brauner Zucker)
- 2 Eier (Größe M)
- 350 g Weizenmehl
- 2 gestr. TL Backpulver
- 125 g Buttermilch

**FÜR DEN BELAG:**

- 1 kg säuerliche Äpfel, z. B. Boskop oder Elstar
- 2 EL Zitronensaft
- 60 g Butter
- 50 g Kandisfarin (brauner Zucker)

**PRO STÜCK:**

E: 3 g, F: 12 g, Kh: 27 g, kcal: 229

**1.** Den Backofen vorheizen.
Ober-/Unterhitze: etwa 180 °C
Heißluft: etwa 160 °C

**2.** Für den Rührteig Butter oder Margarine mit einem Mixer (Rührstäbe) auf höchster Stufe geschmeidig rühren. Nach und nach Zucker unterrühren. So lange rühren, bis eine gebundene Masse entstanden ist.

**3.** Eier einzeln unterrühren (jedes Ei etwa ½ Minute). Mehl mit Backpulver mischen, abwechselnd mit der Buttermilch in 2 Portionen kurz auf mittlerer Stufe unterrühren.

**4.** Den Teig auf ein Backblech (30 x 40 cm, gefettet) geben und glatt streichen.

**5.** Für den Belag Äpfel schälen, vierteln und entkernen. Apfelviertel quer in Scheiben schneiden, mit dem Zitronensaft beträufeln und dachziegelartig auf den Teig legen.

**6.** Butter in Flöckchen auf den Apfelscheiben verteilen und mit Zucker bestreuen.

**7.** Das Backblech in den vorgeheizten Backofen schieben. Den Kuchen **30–35 Minuten backen.**

**8.** Das Backblech auf einen Kuchenrost stellen. Den Kuchen erkalten lassen.

**TIPP:**

Den lauwarmen Kuchen mit Vanillesauce servieren.

Lieblingsrezept Nr.
01

# APFEL-MARONEN-KUCHEN

**Zubereitungszeit:** 40 Minuten
**Backzeit:** etwa 40 Minuten

### ZUTATEN FÜR 12 STÜCKE

**Für die Streusel:**

- 70 g Butter oder Margarine
- 100 g Weizenmehl
- 80 ml Ahornsirup
- 1 Msp. gem. Zimt
- 30 g gehackte Walnusskerne

**Für den Belag:**

- 250 g Maronen (vakuumverpackt)
- 700 g säuerliche Äpfel, z. B. Boskop
- 2 EL Zitronensaft

**Für den Rührteig:**

- 150 g Butter oder Margarine (zimmerwarm)
- 120 g Zucker
- 3 Eier (Größe M)
- 100 ml Apfelsaft
- 200 g Weizenmehl
- 2 gestr. TL Backpulver

**Pro Stück:**

E: 5 g, F: 19 g, Kh: 46 g, kcal: 382

**1.** Für die Streusel Butter oder Margarine zerlassen und etwas abkühlen lassen. Mehl, Ahornsirup, Zimt und zerlassene Butter oder Margarine in eine Rührschüssel geben. Die Zutaten mit einem Mixer (Rührstäbe) zunächst kurz auf niedrigster Stufe, dann auf höchster Stufe zu Streuseln verarbeiten.

**2.** Die Walnusskerne unterarbeiten. Die Teigstreusel zugedeckt in den Kühlschrank stellen.

**3.** Für den Belag Maronen in feine Scheiben schneiden. Äpfel schälen, vierteln und entkernen. Apfelviertel in Spalten schneiden und sofort mit Zitronensaft beträufeln.

**4.** Den Backofen vorheizen.
Ober-/Unterhitze: etwa 180 °C
Heißluft: etwa 160 °C

**5.** Für den Rührteig Butter oder Margarine mit dem Mixer (Rührstäbe) auf höchster Stufe geschmeidig rühren. Nach und nach Zucker unterrühren. So lange rühren, bis eine gebundene Masse entstanden ist.

**6.** Die Eier nach und nach unterrühren (jedes Ei etwa ½ Minute). Apfelsaft hinzugeben. Mehl mit Backpulver mischen und kurz auf mittlerer Stufe unterrühren.

**7.** Den Teig in eine Springform (ø 26 cm, Boden gefettet, mit Backpapier belegt) geben und glatt streichen. Apfelspalten und Maronenscheiben abwechselnd dachziegelartig darauflegen und leicht in den Teig drücken. Teigstreusel darauf verteilen.

**8.** Die Form auf dem Rost in den vorgeheizten Backofen schieben. Kuchen **etwa 40 Minuten backen.**

**9.** Die Form auf einen Kuchenrost stellen. Den Kuchen in der Form erkalten lassen. Dann vorsichtig aus der Form lösen und auf eine Kuchenplatte setzen. Kuchen in Stücke schneiden.

Lieblingsrezept Nr.
02

# APFEL-PUDDING-KUCHEN

**Zubereitungszeit:** 40 Minuten, ohne Abkühlzeit
**Backzeit:** etwa 60 Minuten

## ZUTATEN FÜR 12 STÜCKE

**Für den Rührteig:**

- 125 g Butter oder Margarine (zimmerwarm)
- 100 g Zucker
- 3 Eier (Größe M)
- 200 g Weizenmehl
- 2 gestr. TL Backpulver
- 150 g Sahne-Pudding Bourbon-Vanille (aus dem Kühlregal)

**Für die Füllung und den Belag:**

- 150 g Kekse mit Schokostückchen
- 800 g rotschalige Äpfel, z. B. Gala oder Elstar

**Zum Bestreichen und Bestreuen:**

- 1 EL Zitronensaft
- 1 EL Zucker

**Für den Guss:**

- 250 ml klarer Apfelsaft
- 1 Pck. ungezuckerter Tortenguss, klar
- 20 g Zucker

**Pro Stück:**

E: 5 g, F: 14 g, Kh: 45 g, kcal: 332

**1.** Für den Rührteig die Butter oder Margarine mit einem Mixer (Rührstäbe) auf höchster Stufe geschmeidig rühren. Nach und nach Zucker unterrühren. So lange rühren, bis eine gebundene Masse entstanden ist.

**2.** Die Eier nach und nach unterrühren (jedes Ei etwa ½ Minute). Das Mehl mit Backpulver mischen und mit dem Pudding abwechselnd in 2 Portionen auf mittlerer Stufe kurz unterrühren.

**3.** Den Backofen vorheizen.
Ober-/Unterhitze: etwa 180 °C
Heißluft: etwa 160 °C

**4.** Die Hälfte des Teiges in eine Springform (ø 26 cm, Boden gefettet) geben und glatt streichen.

**5.** Für die Füllung und den Belag die Hälfte der Schokokekse auf den Teig legen. Die Äpfel heiß abwaschen, abtrocknen und mit einem Apfelausstecher das Kerngehäuse entfernen. Die Äpfel in etwa 2 mm dünne Scheiben schneiden. Ein Drittel der Äpfel auf den Schokokeksen verteilen, dabei am Rand etwa 1 cm frei lassen.

**6.** Den restlichen Teig auf die Apfelscheiben geben, vorsichtig glatt streichen. Zuerst mit den restlichen Schokokeksen, dann mit den restlichen Apfelscheiben belegen. Apfelscheiben sofort mit dem Zitronensaft bestreichen und mit dem Zucker bestreuen. Die Form auf dem Rost in den vorgeheizten Backofen schieben. Den Apfelkuchen **etwa 60 Minuten backen.**

**7.** Die Form auf einen Kuchenrost stellen. Den Kuchen etwa 15 Minuten in der Form stehen lassen, dann aus der Form lösen und auf den mit Backpapier belegten Kuchenrost setzen. Den Apfelkuchen erkalten lassen. Dann den Apfelkuchen auf eine Tortenplatte setzen.

**8.** Für den Guss aus Apfelsaft, Tortengusspulver und Zucker nach Packungsanleitung einen Tortenguss herstellen und auf dem Apfelkuchen verteilen. Tortenguss fest werden lassen.

Lieblingsrezept Nr.

# 03

# APFEL-SCHOKO-KUCHEN

**Zubereitungszeit:** 40 Minuten, ohne Abkühlzeit
**Backzeit:** etwa 30 Minuten

**ZUTATEN FÜR 16 STÜCKE**

**Zum Vorbereiten:**

- 2 säuerliche Äpfel, z. B. Elstar, etwa 400 g
- ½ TL gem. Zimt
- 100 g Walnusskerne
- 60 g brauner Zucker
- 150 g Zartbitter-Schokolade
- 150 g Butter

**Für den Rührteig:**

- 60 g brauner Zucker
- 1 Pck. Bourbon-Vanille-Zucker
- 5 Eier (Größe M)
- 100 g saure Sahne (10 % Fett)
- 200 g Weizenmehl
- 2 EL Kakaopulver
- 1 TL Backpulver

**Zum Garnieren und Bestäuben:**

- 100 g Schlagsahne (mind. 30% Fett)
- 1 TL Sahnesteif
- etwas Kakaopulver
- etwas Puderzucker

**Pro Stück:**

E: 6 g, F: 21 g Kh: 26 g, kcal: 321

**1.** Zum Vorbereiten die Äpfel schälen, vierteln und die Kerngehäuse entfernen. Äpfel in gut ½ cm große Würfel schneiden, in einer Schüssel mit Zimt vermischen. Walnusskerne hacken.

**2.** In einer Pfanne Zucker bei mittlerer Hitze schmelzen und unter Rühren goldbraun karamellisieren. Walnussstücke hinzugeben und 1 bis 2 Minuten unter Rühren darin braten. Dann Apfelwürfel hinzufügen und etwa 2 Minuten unter Wenden mitbraten. Die Pfanne von der Kochstelle nehmen. Die Apfel-Nuss-Mischung lauwarm abkühlen lassen.

**3.** Die Schokolade grob in kleine Stücke hacken, mit der Butter in einem Topf im Wasserbad bei schwacher Hitze unter Rühren schmelzen. Kurz abkühlen lassen.

**4.** Den Backofen vorheizen.
Ober-/Unterhitze: etwa 180 °C
Heißluft: etwa 160 °C

**5.** Für den Rührteig die Butter-Schoko-Mischung mit Zucker, Vanillezucker und 1 Prise Salz mit einem Mixer (Rührbesen) verrühren. Eier nach und nach unterrühren (je Ei etwa ½ Minute), saure Sahne kurz unterrühren. Mehl mit Kakao und Backpulver mischen, auf mittlerer Stufe kurz unterrühren. Knapp drei Viertel der Apfel-Nuss-Mischung unterheben.

**6.** Den Teig in eine Springform (ø 26 cm, gefettet, mit Backpapier belegt) geben. Die übrige Apfel-Nuss-Mischung darüberstreuen.

**7.** Die Form auf dem Rost in den vorgeheizten Backofen schieben. Den Kuchen **etwa 30 Minuten backen.**

**8.** Die Form auf einen Kuchenrost stellen. Den Kuchen abkühlen lassen, dann aus der Form lösen.

**9.** Zum Garnieren Sahne steif schlagen, dabei Sahnesteif einrieseln lassen. Sahne in einen Spritzbeutel mit Lochtülle (ø 1 cm) füllen und damit am Kuchenrand kleine Tupfer aufspritzen. Diese mit Kakao bestäuben. Kuchen mit Puderzucker bestäubt servieren.

**TIPP:**

Übrig gebliebenen Kuchen kann man prima einfrieren. Backen Sie den gefrorenen Kuchen einfach bei etwa 100 °C Ober-/Unterhitze oder etwa 80 °C Heißluft im vorgeheizten Backofen etwa 10 Minuten wieder auf.

Lieblingsrezept Nr.
04

# APFEL-STREUSEL-KUCHEN

**Zubereitungszeit:** 60 Minuten
**Backzeit:** etwa 50 Minuten

### ZUTATEN FÜR 20 STÜCKE

**FÜR DEN RÜHRTEIG:**

300 g Marzipan-Rohmasse
200 g Butter (zimmerwarm)
150 g Zucker
1 Pck. Vanillin-Zucker
4 Eier (Größe M)
300 g Weizenmehl
2 gestr. TL Backpulver

**FÜR DEN BELAG:**

1 1/2 kg kleine Äpfel, z. B. Boskop
Saft von 1 Zitrone

**FÜR DIE STREUSEL:**

250 g Weizenmehl
125 g Zucker
1 Pck. Vanillin-Zucker
30 g abgezogene, gem. Mandeln
175 g Butter (zimmerwarm)

**ZUM APRIKOTIEREN:**

200 g Aprikosenkonfitüre
4 EL Wasser

**PRO STÜCK:**

E: 6 g, F: 22 g, Kh: 56 g, kcal: 449

**1.** Den Backofen vorheizen.
Ober-/Unterhitze: etwa 180 °C
Heißluft: etwa 160 °C

**2.** Für den Rührteig Marzipan in dünne Scheiben schneiden und mit der Butter in eine Rührschüssel geben. Die Zutaten mit einem Mixer (Rührstäbe) auf höchster Stufe geschmeidig rühren. Nach und nach Zucker, Vanillin-Zucker und 1 Prise Salz unterrühren. So lange rühren, bis eine gebundene Masse entstanden ist.

**3.** Die Eier nach und nach unterrühren (jedes Ei etwa ½ Minute). Das Mehl mit Backpulver mischen und in 2 Portionen auf mittlerer Stufe kurz unterrühren. Den Teig auf ein Backblech (30 x 40 cm, gefettet) geben und glatt streichen.

**4.** Für den Belag Äpfel schälen, vierteln und entkernen. Apfelviertel mehrmals längs einritzen und mit Zitronensaft bestreichen.

**5.** Für die Streusel Mehl in eine Rührschüssel geben. Zucker, Vanillin-Zucker, Mandeln und Butter hinzufügen. Die Zutaten mit dem Mixer (Rührstäbe) zunächst kurz auf niedrigster, dann auf höchster Stufe zu Streuseln von gewünschter Größe verarbeiten.

**6.** Apfelviertel auf den Teigboden legen und mit den Streuseln bestreuen. Das Backblech in den vorgeheizten Backofen schieben. Den Kuchen **etwa 50 Minuten backen.**

**7.** Das Blech auf einen Kuchenrost stellen.

**8.** Zum Aprikotieren Konfitüre durch ein Sieb streichen und mit Wasser in einem kleinen Topf unter Rühren etwas einkochen lassen.

**9.** Die Kuchenoberfläche dick damit bestreichen. Den Kuchen erkalten lassen.

Lieblingsrezept Nr.
05

# APFEL-WEIN-KUCHEN

**Zubereitungszeit:** 60 Minuten, ohne Abkühlzeit
**Backzeit:** etwa 85 Minuten
**Mit Alkohol**

### ZUTATEN FÜR 16 STÜCKE

**Für den Knetteig:**

300 g Dinkelmehl (Type 630)
150 g Zucker
1 Eigelb (Größe M)
150 g Butter oder Margarine
2 EL kaltes Wasser

**Für die Füllung:**

1 1/2 kg Äpfel, z. B. Boskop, Cox Orange
1 l Weißwein, z. B. Riesling
70 g Speisestärke
200 g Zucker
1 Vanilleschote

**Zum Bestäuben:**

1 EL Puderzucker

**Pro Stück:**

E: 2 g, F: 9 g, Kh: 50 g, kcal: 332

**1.** Den Backofen vorheizen.
Ober-/Unterhitze: etwa 180 °C
Heißluft: etwa 160 °C

**2.** Für den Knetteig Dinkelmehl in eine Rührschüssel geben. Zucker, Eigelb, Butter oder Margarine und kaltes Wasser hinzufügen. Die Zutaten mit einem Mixer (Knethaken) zunächst kurz auf niedrigster, dann auf höchster Stufe gut durcharbeiten. Anschließend auf der leicht bemehlten Arbeitsfläche kurz zu einem Teig verkneten.

**3.** Zwei Drittel des Knetteiges auf dem Boden einer Springform (Ø 28 cm, gefettet, mit Backpapier belegt) ausrollen. Den Springformrand darumstellen. Die Form auf dem Rost in den vorgeheizten Backofen schieben. Knetteigboden **etwa 20 Minuten vorbacken.**

**4.** Die Form auf einen Kuchenrost stellen. Den Knetteigboden etwas abkühlen lassen. Restlichen Teig zu einer Rolle formen, an den Rand des vorgebackenen Bodens legen und so an die Form drücken, dass ein etwa 3 cm hoher Rand entsteht.

**5.** Für die Füllung Äpfel schälen, vierteln und entkernen. Apfelviertel in kleine Stücke schneiden. Etwa 100 ml Weißwein mit der Speisestärke in einer kleinen Schüssel anrühren. Restlichen Wein und Zucker in einen großen Topf geben. Die Vanilleschote längs aufschneiden und das Mark mit einem Messerrücken herausschaben. Vanillemark und -schote hinzugeben. Die Zutaten zum Kochen bringen. Angerührte Speisestärke in den von der Kochstelle genommenen Wein rühren und unter Rühren aufkochen lassen. Den Topf von der Kochstelle nehmen. Die Vanilleschote entfernen und die Apfelstücke unterrühren.

**6.** Die Apfel-Wein-Masse auf den vorgebackenen Knetteigboden in die Springform geben und glatt streichen. Die Form wieder auf dem Rost in den heißen Backofen schieben. Den Apfel-Wein-Kuchen bei gleicher Backofentemperatur in **etwa 65 Minuten fertig backen.**

**7.** Die Form auf einen Kuchenrost stellen. Den Kuchen vorsichtig vom Springformrand lösen und in der Form erkalten lassen.

**8.** Den Apfel-Wein-Kuchen aus der Form lösen und auf eine Tortenplatte setzen. Die Kuchenoberfläche mit Puderzucker bestäuben.

**TIPP:**

Der Belag ist zum Ende der Backzeit noch sehr weich. Er wird beim Erkalten fest.

Lieblingsrezept Nr.
06

# APPLE PIE

**Zubereitungszeit:** 60 Minuten, ohne Kühlzeit
**Backzeit:** etwa 35 Minuten

**ZUTATEN FÜR 12 STÜCKE**

**FÜR DEN KNETTEIG:**

- 260 g Weizenmehl
- 1 TL Backpulver
- 1 EL Zucker
- 1/4 TL Salz
- 150 g kalte Butter
- 2 Eigelb (Größe M)
- 3–4 EL kaltes Wasser

**FÜR DIE FÜLLUNG:**

- 5–6 säuerliche Äpfel, z. B. Boskop oder Jazz (etwa 800 g)
- 2 EL Zitronensaft
- 2 EL Butter
- 125 g brauner Zucker
- 1 Pck. Bourbon-Vanille-Zucker
- 1 TL gem. Zimt
- 1/4 TL gem. Nelken

**ZUM BESTREICHEN:**

- 1 Eigelb (Größe M)
- 2 EL Milch

**ZUM VERZIEREN:**

- 100 g Doppelrahm-Frischkäse
- 40 g Puderzucker
- 100 g Schlagsahne (mind. 30 % Fett)
- etwas Kakaopulver

**PRO STÜCK:**

E: 5 g, F: 20 g, Kh: 31 g, kcal: 320

**1.** Für den Knetteig Mehl und Backpulver in einer Rührschüssel mischen. Zucker, Salz, Butter in Flöckchen, Eigelb und Wasser hinzufügen und mit einem Mixer (Knethaken) zunächst auf niedrigster, dann auf höchster Stufe gut durcharbeiten.

**2.** Anschließend auf einer leicht bemehlten Arbeitsfläche kurz zu einem Teig verkneten. Den Teig in Frischhaltefolie gewickelt mindestens 2 Stunden oder über Nacht in den Kühlschrank legen.

**3.** Für die Füllung die Äpfel schälen, vierteln und entkernen. Die Apfelviertel quer in etwa 3 mm dicke Scheiben schneiden. Die Apfelstücke sofort mit dem Zitronensaft mischen.

**4.** Butter in einer großen Pfanne zerlassen. Zucker und Vanille-Zucker dazugeben und schmelzen lassen. Äpfel hinzufügen, mit Zimt und Nelkenpulver würzen. Unter Wenden in 3–4 Minuten karamellisieren lassen. Äpfel vom Herd nehmen und abkühlen lassen.

**5.** Den Backofen vorheizen.
Ober-/Unterhitze: etwa 180 °C
Heißluft: etwa 160 °C

**6.** Den Knetteig kurz durchkneten und zwei Drittel davon auf einer leicht bemehlten Arbeitsfläche 3–4 mm dick zu einer runden Platte ausrollen.

**7.** Eine Springform (ø 28 cm, gefettet, mit Backpapier belegt) damit auslegen. Den Teig am Rand leicht andrücken. Den Boden mit einer Gabel mehrmals einstechen.

**8.** Die Äpfel auf den Teig in der Springform geben. Den übrigen Teig auf der leicht bemehlten Arbeitsfläche in der Größe der Form ausrollen und auf die Äpfel legen. Den Rand andrücken. In der Teigmitte ein kleines Loch, zum Beispiel in Form eines Herzchens ausstechen. Die ausgestochene Form auf den Teigdeckel legen.

**9.** Zum Bestreichen Eigelb und Milch verrühren und den Teigdeckel damit bestreichen.

**10.** Die Pie in den vorgeheizten Backofen (2. Schiene von unten) schieben und in **etwa 35 Minuten goldbraun backen.**

**11.** Die Springform auf einen Kuchenrost stellen und die Apple Pie erkalten lassen.

**12.** Zum Verzieren Frischkäse und Puderzucker cremig rühren. Sahne steif schlagen und unterheben. Creme in einen Spritzbeutel mit glatter Tülle füllen. Tupfen auf die Pie spritzen und sehr fein mit Kakao bestäuben.

Lieblingsrezept Nr.
07

# GEDECKTER APFELKUCHEN

**Zubereitungszeit:** 70 Minuten, ohne Kühlzeit
**Backzeit:** etwa 60 Minuten

## ZUTATEN FÜR 12 STÜCKE

**Für den Knetteig:**

- 425 g Weizenmehl
- 250 g Butter oder Margarine (zimmerwarm)
- 125 g Zucker
- 1 Ei (Größe M)
- 1 Eiweiß (Größe M)

**Für die Füllung:**

- 1,3 kg Äpfel, z. B. Boskop oder Elstar
- 1 EL Zitronensaft
- 75 g Zucker
- je 1 Msp. gem. Zimt, ger. Muskatnuss, gem. Ingwer
- 50 g Sultaninen

**Zum Bestreichen:**

- 1 Eigelb (Größe M)
- 1 EL Milch (3,5 % Fett)

**Zusätzlich:**

- 2 Gefrierbeutel

**Pro Stück**

E: 5 g, F: 19 g, Kh: 57 g, kcal: 425

**1.** Für den Knetteig Mehl in eine Rührschüssel geben. Restliche Zutaten hinzufügen und mit einem Mixer (Knethaken) zunächst kurz auf niedrigster, dann auf höchster Stufe gut durcharbeiten. Auf der leicht bemehlten Arbeitsfläche kurz zu einem Teig verkneten.

**2.** Den Teig in Frischhaltefolie gewickelt etwa 30 Minuten in den Kühlschrank legen.

**3.** Den Backofen vorheizen.
Ober-/Unterhitze: etwa 180 °C
Heißluft: etwa 160 °C

**4.** Für die Füllung Äpfel schälen, vierteln, entkernen und in kleine Stücke schneiden. Apfelstücke in eine Schüssel geben und mit Zitronensaft beträufeln. Zucker, Zimt, Muskat, Ingwer und Sultaninen untermischen.

**5.** Knapp die Hälfte des Teiges auf dem Boden der Springform (gefettet, ø 26 cm) ausrollen. Den Springformrand darumstellen.

**6.** Gut die Hälfte des restlichen Teiges zwischen zwei aufgeschnittenen Gefrierbeuteln zu einem Kreis (ø 26 cm) ausrollen. Restlichen Teig zu einer langen Rolle formen, auf den Teigboden legen und so an die Form drücken, dass ein etwa 4 cm hoher Rand entsteht.

**7.** Die Füllung auf dem Teigboden gleichmäßig verteilen. Die Teigdecke auf die Füllung legen und am Rand vorsichtig etwas andrücken.

**8.** Eigelb mit Milch verschlagen und die Teigoberfläche damit bestreichen. Da evtl. Fett aus der Form laufen kann, die Form auf einem Bogen Backpapier auf dem Rost (unteres Drittel) in den Backofen schieben und **etwa 60 Minuten backen.**

**9.** Den Kuchen mit einem Messer vom Springformrand lösen, aber in der Form auf einem Kuchenrost erkalten lassen.

Lieblingsrezept Nr.
08

# BEEREN-SAUER-RAHM-KUCHEN

**Zubereitungszeit:** 30 Minuten, ohne Kühl- und Abkühlzeit
**Backzeit:** 35–40 Minuten

## ZUTATEN FÜR 12 STÜCKE

**Für den Rührteig:**

- 100 g Zartbitterkuvertüre
- 125 g Butter (zimmerwarm)
- 125 g Zucker
- 3 Eier (Größe M)
- 100 g Weizenmehl
- 1 TL Backpulver
- 2 EL Zartbitter-Raspelschokolade

**Für die Creme:**

- 6 Blatt weiße Gelatine
- 500 g saure Sahne (Sauerrahm)
- 2 Eiweiß (Größe M)
- 50 g Zucker

**Für den Belag:**

- 500 g gemischte Beeren (z. B. Heidelbeeren, Himbeeren, Johannisbeeren)
- 1 Pck. ungezuckerter Tortenguss, klar
- 2 EL Zucker
- 250 ml roter Fruchtsaft (z. B. Sauerkirsch- oder Johannisbeersaft)

**Pro Stück:**

E: 7 g, F: 19 g, Kh: 35 g, kcal: 344

**1.** Den Backofen vorheizen.
Ober-/Unterhitze: etwa 180 °C
Heißluft: etwa 160 °C

**2.** Für den Teig Kuvertüre hacken und in einer Schüssel über dem heißen Wasserbad schmelzen. Kurz abkühlen.

**3.** Butter in einer Rührschüssel mit einem Mixer (Rührstäbe) auf höchster Stufe geschmeidig rühren. Nach und nach Zucker und 1 Prise Salz unterrühren. So lange rühren, bis eine gebundene Masse entstanden ist. Eier nach und nach unterrühren (jedes Ei etwa ½ Minute). Mehl und Backpulver mischen und in 2 Portionen auf mittlerer Stufe unterrühren. Die Kuvertüre geschmeidig rühren und auf niedriger Stufe kurz unterrühren. Den Teig in eine Springform (ø 26 cm, gefettet, mit Backpapier belegt) füllen und glatt streichen. Mit der Raspelschokolade bestreuen.

**4.** Die Form auf dem Rost in den vorgeheizten Backofen schieben. Den Brownieboden **etwa 25 Minuten backen.**

**5.** Die Form auf einen Kuchenrost stellen. Den Brownieboden etwas abkühlen lassen, dann aus der Form lösen und auf dem Kuchenrost erkalten lassen.

**6.** Für die Creme Gelatine nach Packungsanleitung einweichen. Gelatine leicht ausdrücken und in einem kleinen Topf bei schwacher Hitze unter Rühren auflösen. Gelatine mit etwa 2 Esslöffeln von der sauren Sahne verrühren, dann unter die restliche saure Sahne rühren. Die Creme zugedeckt etwa 30 Minuten in den Kühlschrank stellen.

**7.** Eiweiß und 1 Prise Salz in einer Rührschüssel mit dem Mixer (Rührstäbe) auf höchster Stufe steif schlagen, dabei den Zucker nach und nach einrieseln lassen. Den Eischnee vorsichtig unter die Saure-Sahne-Masse heben.

**8.** Das Backpapier vom Brownieboden abziehen. Den gesäuberten Springformrand um den Brownieboden stellen. Die Saure-Sahne-Eiweiß-Creme darauf verteilen und glatt streichen. Den Kuchen etwa 2 Stunden in den Kühlschrank stellen.

**9.** Für den Belag die Beeren verlesen, kurz abspülen, abtropfen lassen und entstielen. Die Beeren vorsichtig mischen und auf dem Kuchen verteilen.

**10.** Tortengusspulver mit Zucker und Fruchtsaft in einem kleinen Topf nach Packungsanleitung zubereiten. Die Beeren mit dem Guss überziehen und den Guss fest werden lassen.

Lieblingsrezept Nr.
09

# ERDBEER-KÄSEKUCHEN

**Zubereitungszeit:** 60 Minuten, ohne Abkühlzeit
**Backzeit:** 30–35 Minuten

### ZUTATEN FÜR 20 STÜCKE

**FÜR DEN KNETTEIG:**

- 300 g Weizenmehl
- 1 gestr. TL Backpulver
- 100 g Zucker
- 1 Pck. Vanillin-Zucker
- 150 g Butter oder Margarine (zimmerwarm)
- 2–3 EL kaltes Wasser

**FÜR DEN KÄSEBELAG:**

- 200 g Butter oder Margarine (zimmerwarm)
- 100 g Zucker
- 4 Eier (Größe M)
- 200 g Doppelrahm-Frischkäse
- 500 g Magerquark
- 1 Pck. Pudding-Pulver Vanille-Geschmack
- Saft von 1 Zitrone
- 1 Pck. Geriebene Zitronenschale

**FÜR DEN ERDBEERBELAG:**

- 1 1/2 kg frische Erdbeeren
- 2 Pck. ungezuckerter Tortenguss, rot
- 30–40 g Zucker
- 750 ml Flüssigkeit (halb Wasser, halb Apfelsaft)

**PRO STÜCK:**

E: 8 g, F: 19 g, Kh: 32 g, kcal: 336

**1.** Für den Teig Mehl mit Backpulver mischen und in eine Rührschüssel sieben. Zucker, Vanillin-Zucker, 1 Prise Salz, Butter oder Margarine und kaltes Wasser hinzufügen. Die Zutaten mit einem Mixer (Knethaken) zunächst kurz auf niedrigster, dann auf höchster Stufe gut durcharbeiten.

**2.** Anschließend auf der bemehlten Arbeitsfläche zu einem glatten Teig verkneten. Sollte er kleben, ihn in Folie gewickelt eine Zeit lang kalt stellen.

**3.** Den Teig auf einem Backblech (30 x 40 cm, gefettet) ausrollen. Einen Backrahmen darumstellen.

**4.** Den Backofen vorheizen.
Ober-/Unterhitze: etwa 180 °C
Heißluft: etwa 160 °C

**5.** Für den Käsebelag Butter oder Margarine mit dem Mixer (Rührstäbe) geschmeidig rühren. Zucker nach und nach unterrühren. So lange rühren, bis eine gebundene Masse entstanden ist.

**6.** Eier nach und nach unterrühren (jedes Ei etwa ½ Minute). Frischkäse, Quark, Pudding-Pulver, Zitronensaft und -schale hinzufügen. Die Zutaten zu einer glatten Masse verrühren.

**7.** Die Quarkmasse auf dem Teig verteilen. Das Backblech in den vorgeheizten Backofen schieben. Den Kuchen **30–35 Minuten backen.**

**8.** Das Backblech auf einen Kuchenrost stellen. Kuchen erkalten lassen.

**9.** Für den Erdbeerbelag Erdbeeren abspülen, gut abtropfen lassen, entstielen und halbieren. Erdbeerhälften auf den Gebäckboden legen.

**10.** Aus Tortengusspulver, Zucker, Wasser und Apfelsaft nach Packungsanleitung einen Guss zubereiten und auf den Erdbeerhälften verteilen. Guss fest werden lassen.

**11.** Den Backrahmen vorsichtig lösen und entfernen. Den Kuchen in Stücke schneiden.

Lieblingsrezept Nr.
10

# ERDBEER-RHABARBER POKE CAKE

**Zubereitungszeit:** 50 Minuten, ohne Kühlzeit
**Backzeit:** etwa 40 Minuten

## ZUTATEN FÜR 12 STÜCKE

### FÜR DEN BELAG:

400 g Rhabarber

### FÜR DEN TEIG:

260 g Weizenmehl
30 g Speisestärke
1 1/2 gestr. TL Backpulver
1/2 gestr. TL Natron
5 Eier (Größe M)
1 Pck. Vanillin-Zucker
140 g Puderzucker
200 ml Rapsöl
20 g Kristallzucker

### FÜR DEN PUDDING:

2 Blatt weiße Gelatine
2 Pck. Pudding-Pulver Vanille-Geschmack
1 l Milch (3,5 % Fett)
100 g Schlagsahne
1 Pck. Bourbon-Vanille-Zucker
90 g Zucker

### FÜR DAS TOPPING:

1 Blatt weiße Gelatine
500 g Rhabarber-Erdbeer-Grütze (aus dem Kühlregal)
250 g Erdbeeren
20 g geröstete, gehobelte Mandeln

### Pro Stück:

E: 9 g, F: 26 g, Kh: 55 g, kcal: 493

**1.** Den Backofen vorheizen.
Ober-/Unterhitze: etwa 180 °C
Heißluft: etwa 160 °C

**2.** Für den Belag Rhabarber putzen, abspülen, abtropfen lassen und in etwa 2 mm dünne Scheiben schneiden.

**3.** Für den Teig Mehl mit Speisestärke, Backpulver und Natron mischen. Eier, Vanillin-Zucker und 1 Prise Salz in einer Rührschüssel mit dem Mixer (Rührstäbe) auf höchster Stufe 1 Minute schaumig schlagen. Puderzucker hinzugeben und weitere etwa 2 Minuten schlagen. Die Mehlmischung und das Rapsöl auf mittlerer Stufe kurz unterschlagen.

**4.** Den Teig in eine Springform (mit Backpapier belegt, ø 26 cm) geben und glatt streichen. Rhabarber darauf verteilen und mit Zucker bestreuen. Die Form auf dem Rost in den vorgeheizten Backofen schieben. Den Kuchen in **etwa 40 Minuten goldbraun backen.**

**5.** Die Form auf einen Kuchenrost stellen. Mit einem Kochlöffelstiel (ø 1 cm) etwa 30 Löcher in den heißen Kuchen drücken. Kuchen etwa 1 Stunde abkühlen lassen.

**6.** Für den Pudding Gelatine nach Packungsanleitung einweichen. Pudding-Pulver mit 7 Esslöffeln von der Milch anrühren. Restliche Milch, Sahne, Vanille-Zucker und Kristallzucker in einem Topf zum Kochen bringen. Angerührtes Pudding-Pulver in die von der Kochstelle genommene Sahnemilch rühren und nochmals unter Rühren aufkochen lassen. Den Topf von der Kochstelle nehmen. Eingeweichte Gelatine ausdrücken und in dem heißen Pudding unter Rühren auflösen.

**7.** Den heißen Pudding auf den Kuchen gießen. Die Form einige Male auf die Arbeitsfläche klopfen, sodass die eingedrückten Löcher mit Pudding gefüllt sind. Pudding abkühlen lassen, dann die Form in den Kühlschrank stellen. Den Kuchen mindestens 1 Stunde kühlen.

**8.** Für das Topping Gelatine wie unter Punkt 6 beschrieben einweichen. Eingeweichte Gelatine ausdrücken und in einem kleinen Topf bei schwacher Hitze unter Rühren auflösen. Zunächst 3 Esslöffel Rhabarber-Erdbeer-Grütze in der Gelatine unter Rühren anwärmen. Die restliche Grütze unterrühren und alles auf dem Vanille-Pudding in der Form verteilen. Die Form wieder in den Kühlschrank stellen und den Kuchen weitere etwa 30 Minuten kühlen.

**9.** Die Erdbeeren putzen, abspülen, gut abtropfen lassen und entstielen. Erdbeeren halbieren und auf dem Kuchen verteilen. Die Oberfläche mit Mandeln bestreuen.

Lieblingsrezept Nr.
11

# ERDBEER-STRACCIATELLA-TORTE

**Zubereitungszeit:** 35 Minuten
**Kühlzeit:** 3–4 Stunden
**Ohne Backen**

**ZUTATEN FÜR 16 STÜCKE**

**FÜR DEN KEKSBODEN:**
150 g Butterkekse
125 g Butter

**FÜR DIE CREME:**
300 g kleine Erdbeeren
400 g Doppelrahm-Frischkäse
400 g Sahnejoghurt
3 EL Orangensaft
2 Pck. gem. Gelatine
200 ml Buttermilch
80 g Zucker
75 g Zartbitter-Schokoraspel

**ZUM GARNIEREN:**
125 g Erdbeeren
50 g Zartbitter-Kuvertüre

**ZUSÄTZLICH:**
Einwegspritzbeutel

**PRO STÜCK:**
E: 8 g, F: 22 g, Kh: 19 g, kcal: 320

1. Für den Keksboden Butterkekse in einen Gefrierbeutel füllen, verschließen und mit einer Teigrolle vollständig zerbröseln. Butter zerlassen und mit den Bröseln vermischen.

2. Die Bröselmischung auf den Boden einer Springform (ø 24 cm) geben und festdrücken.

3. Für die Creme Erdbeeren verlesen, evtl. kurz abspülen, gut abtropfen lassen, entstielen und vierteln. Frischkäse, Joghurt und Orangensaft mit dem Mixer (Rührstäbe) cremig rühren.

4. Gelatine in der Buttermilch etwa 10 Minuten quellen lassen. Zucker hinzufügen, und erwärmen. Die Gelatine bei schwacher Hitze unter Rühren auflösen.

5. Zwei Esslöffel Frischkäsecreme unterrühren, dann die Mischung mit der übrigen Creme vermischen. Erdbeeren und Schokoraspel vorsichtig unter die Creme heben. In die Form füllen und mindestens 3 Stunden kalt stellen.

6. Zum Garnieren die Erdbeeren verlesen, evtl. kurz abspülen, gut abtropfen lassen, entstielen und halbieren oder vierteln. Die Erdbeeren auf der Torte verteilen.

7. Kuvertüre hacken in einem Topf im Wasserbad bei schwacher Hitze unter Rühren schmelzen. Die geschmolzene Schokolade in einen Einwegspritzbeutel füllen und ein winziges Loch einschneiden.

8. Die Schokolade in feinen Linien auf die Torte spritzen. Fest werden lassen und die Erdbeer-Stracciatella-Torte servieren.

Lieblingsrezept Nr.
12

# HANNCHEN-JENSEN-TORTE

**Zubereitungszeit:** 65 Minuten, ohne Abkühlzeit
**Backzeit:** etwa 20 Minuten je Boden

### ZUTATEN FÜR 16 STÜCKE

**Für den Rührteig:**

- 100 g Butter oder Margarine (zimmerwarm)
- 100 g Zucker
- 1 Pck. Vanillin-Zucker
- 4 Eigelb (Größe M)
- 125 g Weizenmehl
- 1/2 gestr. TL Backpulver
- 2 EL Milch (3,5 % Fett)

**Für den Belag:**

- 4 Eiweiß (Größe M)
- 200 g Zucker
- 100 g gehobelte Mandeln

**Für die Füllung:**

- 300 g Himbeeren
- 1 Pck. Puddingpulver Vanille-Geschmack
- 100 ml Wasser
- 25 g Zucker
- 250 g Schlagsahne (mind. 30 % Fett)
- 1 Pck. Sahnesteif
- 1 Pck. Vanillin-Zucker

**Pro Stück:**

E: 4 g, F: 14 g, Kh: 33 g, kcal: 284

**1.** Für den Teig Butter oder Margarine mit einem Mixer (Rührstäbe) auf höchster Stufe geschmeidig rühren. Nach und nach Zucker und Vanillin-Zucker unterrühren. So lange rühren, bis eine gebundene Masse entstanden ist.

**2.** Eigelb nach und nach unterrühren. Mehl mit Backpulver mischen und abwechselnd mit der Milch kurz auf mittlerer Stufe unterrühren.

**3.** Den Backofen vorheizen. Ober-/Unterhitze: etwa 180 °C

**4.** Den Teig halbieren. Jeweils eine Teighälfte in je eine Springform (ø 26 cm, gefettet) geben und glatt streichen.

**5.** Für den Belag Eiweiß mit dem Mixer (Rührstäbe) auf höchster Stufe steif schlagen. Der Schnee muss so fest sein, dass ein Messerschnitt sichtbar bleibt. Nach und nach Zucker unterschlagen.

**6.** Die Eischneemasse halbieren. Jeweils eine Hälfte auf je einen Boden streichen. Je 50 g Mandeln auf die Eischneemasse streuen. Die Formen nacheinander auf dem Rost in den Backofen schieben. Jeden Boden **etwa 20 Minuten backen.**

**7.** Die Formen auf Kuchenroste stellen und die Böden in den Formen erkalten lassen.

**8.** Für die Füllung Himbeeren verlesen, abspülen und abtropfen lassen. Puddingpulver mit etwas von dem Wasser anrühren. Restliches Wasser in einem Topf zum Kochen bringen. Zucker und Himbeeren hinzugeben und aufkochen lassen. Den Topf von der Kochstelle nehmen. Angerührtes Puddingpulver einrühren und alles unter Rühren nochmals aufkochen, dann erkalten lassen.

**9.** Einen Tortenboden auf eine Platte legen und mit der Himbeermasse bestreichen. Danach Sahne mit Sahnesteif und Vanillin-Zucker steif schlagen, auf die Himbeermasse geben und verstreichen. Den zweiten Boden auf die Sahne legen.

**TIPP:**

Die Torte nicht mit Heißluft backen.

Lieblingsrezept Nr.
13

# PINK-JOHANNIS-BEER-CHEESECAKE

**Zubereitungszeit:** 45 Minuten, ohne Kühl- und Abkühlzeit
**Backzeit:** 45–50 Minuten

**ZUTATEN FÜR 12 STÜCKE**

**Zum Vorbereiten:**
- 150 g schwarze Johannisbeeren
- 150 g rote Johannisbeeren
- 50 g Zucker
- 50 ml Orangensaft

**Für den Knusperboden:**
- 200 g Butterkekse
- 50 g gem. Mandeln
- 2 EL Zucker
- 75 g Butter

**Für die Füllung:**
- 400 g Doppelrahm-Frischkäse
- 100 g Zucker
- 3 EL Weizenmehl
- 4 Eier (Größe M)
- 200 g Crème fraîche
- 1 TL Zitronensaft
- 2 TL Vanilleextrakt

**Zum Garnieren und Bestäuben:**
- 80 g schwarze und rote Johannisbeeren
- einige Minzeblättchen
- etwas Puderzucker

**Pro Stück:**
E: 10 g, F: 26 g Kh: 33 g, kcal: 413

**1.** Zum Vorbereiten Johannisbeeren kurz abspülen, gut abtropfen lassen und die Beeren von den Rispen streifen. Zucker in einem Topf auflösen und bei mittlerer Hitze hellbraun karamellisieren. Mit Orangensaft und 50 ml Wasser ablöschen. Beeren dazugeben und bei mittlerer Hitze etwa 10 Minuten köcheln, bis sie weich sind.

**2.** Beeren pürieren und durch ein feines Sieb streichen. Beerenpüree auskühlen lassen.

**3.** Für den Knusperboden Butterkekse in einen Gefrierbeutel geben. Den Beutel verschließen. Kekse mit einer Teigrolle fein zerbröseln. Mit Mandeln, Zucker und 1 Prise Salz in eine Rührschüssel geben.

**4.** Butter zerlassen, zu der Bröselmischung geben und mit dem Mixer (Rührbesen) auf höchster Stufe gut durchmixen. Bröselmasse in einer Springform (Ø 24 cm, mit Backpapier belegt) gleichmäßig verteilen und mit einem Löffel gut zu einem Boden andrücken. Kuchenboden in den Kühlschrank stellen.

**5.** Den Backofen vorheizen.
Ober-/Unterhitze: etwa 160 °C
Heißluft: etwa 140 °C

**6.** Für die Füllung Frischkäse, Zucker und Mehl mit dem Mixer (Rührbesen) cremig rühren. Eier nach und nach (je Ei etwa ½ Minute) unterrühren. Beerenpüree, Crème fraîche, Zitronensaft und Vanilleextrakt dazugeben und unterrühren.

**7.** Die Creme auf dem Kuchenboden verteilen. Die Form in den vorgeheizten Backofen schieben und den Kuchen **45–50 Minuten backen.**

**8.** Die Form auf einen Kuchenrost stellen und den Kuchen in der Form erkalten lassen. Über Nacht in den Kühlschrank stellen.

**9.** Zum Garnieren Johannisbeeren kurz abspülen, gut abtropfen lassen und die Beeren von den Rispen streifen. Die Johannisbeeren mit Minzeblättchen auf dem Cheesecake verteilen. Mit Puderzucker bestäubt servieren.

**TIPP:**

Wer möchte, kann für den Boden statt der Butterkekse auch Löffelbiskuits oder Zwieback verwenden.

Lieblingsrezept Nr.
14

# SCHWEIZER BEERENWÄHE

**Zubereitungszeit:** 45 Minuten, ohne Abkühl-, Ruhe-/Gehzeit
**Backzeit:** 45–50 Minuten

## ZUTATEN FÜR 12 STÜCKE

### FÜR DEN HEFETEIG:

- 100 ml Milch (3,5 % Fett)
- 200 g Weizenmehl
- 21 g frische Hefe
- 25 g Zucker
- 1 Eigelb (Größe M)
- 30 g Butter (zimmerwarm)

### FÜR DEN BELAG:

- 6 Löffelbiskuits
- 50 g gem. Mandeln
- 400 g gemischte Beeren, z. B. Brombeeren, Erdbeeren, Himbeeren, Heidelbeeren
- 3 Eier (Größe M)
- 150 g saure Sahne (10 % Fett)
- 100 g Crème fraîche (30 % Fett)
- 50 g Zucker
- 1 Pck. Bourbon-Vanille-Zucker

### ZUM BESTREUEN UND BESTÄUBEN:

- 20 g gehobelte Mandeln
- etwas Puderzucker

### PRO STÜCK:

E: 7 g, F: 13 g, Kh: 28 g, kcal: 260

**1.** Für den Hefeteig die Milch in einem Topf lauwarm erhitzen. Mehl in eine Rührschüssel geben, in die Mitte eine Vertiefung eindrücken. Hefe hineinbröckeln, 1 Prise Salz, Zucker und die Hälfte der Milch dazugeben. Den Vorteig zugedeckt an einem warmen Ort etwa 15 Minuten stehen lassen.

**2.** Anschließend restliche Milch, Eigelb und Butter hinzufügen und mit einem Mixer (Knethaken) zunächst kurz auf niedrigster, dann auf höchste Stufe in etwa 5 Minuten zu einem glatten, elastischen Teig verarbeiten. Den Teig zugedeckt so lange an einem warmen Ort gehen lassen, bis er sich sichtbar vergrößert hat, etwa 1 Stunde.

**3.** Für den Belag die Löffelbiskuits in einen Gefrierbeutel füllen, verschließen und mit einer Teigrolle zerdrücken. Die Brösel mit der Hälfte der Mandeln mischen.

**4.** Den Teig auf einer leicht bemehlten Arbeitsfläche kurz durchkneten und zu einem runden, etwa 2 cm dicken Fladen ausrollen. Den Teig in eine Springform (ø 26 cm, gefettet) geben und einen etwa 3 cm hohen Teigrand hochdrücken. Die Mandel-Mischung auf den Teigboden streuen und etwa 15 Minuten gehen lassen.

**5.** Den Backofen vorheizen.
Ober-/Unterhitze: etwa 180 °C
Heißluft: etwa 160 °C

**6.** Die Beeren verlesen, evtl. kurz abspülen und gut abtropfen lassen. Erdbeeren klein schneiden. Eier, saure Sahne, Crème fraîche, Zucker, Vanille-Zucker und übrige gemahlene Mandeln verrühren.

**7.** Die Beeren auf dem Teig verteilen. Die Eiermasse darübergießen. Die Form in den vorgeheizten Backofen (unteres Drittel) schieben. Den Kuchen **45–50 Minuten backen.** Etwa 20 Minuten vor Ende der Backzeit mit den gehobelten Mandeln bestreuen.

**8.** Den Kuchen aus dem Ofen nehmen und in der Form auf einen Kuchenrost stellen. Den Kuchen lauwarm abkühlen lassen. Dann aus der Form lösen und mit Puderzucker bestäubt servieren.

Lieblingsrezept Nr.
15

# STACHELBEER-KUCHEN MIT MARZIPAN

**Zubereitungszeit:** 15 Minuten
**Backzeit:** 35–40 Minuten
**Mit Alkohol**

**ZUTATEN FÜR 20 STÜCKE**

**FÜR DEN BELAG:**

750 g Stachelbeeren
200 g Zucker

**FÜR DEN RÜHRTEIG:**

250 g Butter (zimmerwarm)
200 g Zucker
1 Pck. Bourbon-Vanille-Zucker
4 Eier (Größe M)
300 g Weizenmehl
50 g Speisestärke
3 TL Backpulver
100 ml Eierlikör
30 g Mohnsamen

**ZUM BESTREUEN:**

200 g kalte Marzipan-Rohmasse

**PRO STÜCK:**

E: 5 g, F: 17 g, Kh: 35 g, kcal: 319

**1.** Den Backofen vorheizen. Ober-/Unterhitze: etwa 180 °C Heißluft: etwa 160 °C

**2.** Für den Belag Stachelbeeren verlesen, abspülen, abtropfen lassen, Blüten- und Stängelansätze entfernen. Die Stachelbeeren in einen Topf geben, mit Zucker und 2 Esslöffeln Wasser zugedeckt etwa 5 Minuten dünsten.

**3.** Für den Rührteig Butter mit einem Mixer (Rührstäbe) auf höchster Stufe geschmeidig rühren. Nach und nach Zucker und Vanillin-Zucker unterrühren. So lange rühren, bis eine gebundene Masse entstanden ist.

**4.** Die Eier nach und nach unterrühren (jedes Ei etwa ½ Minute). Mehl mit Speisestärke und Backpulver vermischen, abwechselnd mit Eierlikör und Mohn auf mittlerer Stufe unterrühren.

**5.** Teig auf ein Backblech (30 x 40 cm, gefettet, mit Backpapier belegt) geben und glatt streichen. Die Stachelbeeren darauf verteilen.

**6.** Zum Bestreuen Marzipan-Rohmasse direkt grob auf den Teig raspeln.

**7.** Das Backblech in den vorgeheizten Backofen (unteres Drittel) schieben. Den Kuchen **35–40 Minuten backen.**

**8.** Das Backblech auf einen Kuchenrost stellen und den Kuchen erkalten lassen.

**TIPPS:**

Statt der frischen Stachelbeeren können Sie auch 780 g abgetropfte Stachelbeeren (aus dem Glas) verwenden.

Der Eierlikör kann durch die gleiche Menge Stachelbeersaft (aus dem Glas) ersetzt werden.

Lieblingsrezept Nr.
16

# BIRNENKUCHEN MIT TOFFEE

**Zubereitungszeit:** 25 Minuten, ohne Abkühlzeit
**Backzeit:** etwa 25 Minuten

### ZUTATEN FÜR 24 STÜCKE

**FÜR DEN ALL-IN-TEIG:**

- 270 g Weizenmehl
- 2 gestr. TL Backpulver
- 150 g brauner Zucker
- 3 Eier (Größe M)
- 100 ml Rapsöl
- 100 g Buttermilch

**FÜR DEN BELAG:**

- 200 g Schokotoffees mit Schokoüberzug
- 1 kg kleine Birnen, z. B. Conference
- 2 EL Zitronensaft

**PRO STÜCK:**

E: 3 g, F: 8 g, Kh: 23 g, kcal: 739

**1.** Den Backofen vorheizen.
Ober-/Unterhitze: etwa 180 °C
Heißluft: etwa 160 °C

**2.** Für den All-in-Teig Mehl mit Backpulver in einer Rührschüssel mischen. Zucker, Eier, Rapsöl und Buttermilch hinzugeben. Die Zutaten mit einem Mixer (Rührstäbe) zunächst kurz auf niedrigster, dann auf höchster Stufe in etwa 2 Minuten zu einem glatten Teig verarbeiten.

**3.** Den Teig in einem tiefen Backblech oder einer Fettpfanne (30 x 40 cm, gefettet, bemehlt) verteilen und glatt streichen.

**4.** Für den Belag die Toffees in Stücke schneiden, anschließend im Blitzhacker klein hacken.

**5.** Die Birnen schälen, vierteln und die Kerngehäuse entfernen. Birnenviertel in jeweils 2–3 Spalten schneiden.

**6.** Die Birnenviertel in einer Schüssel mit dem Zitronensaft vermengen und mit der runden Seite nach oben auf den Teig legen. Mit klein geschnittenen Toffees bestreuen.

**7.** Das Backblech in den vorgeheizten Backofen schieben. Den Kuchen **etwa 25 Minuten backen.**

**REZEPTVARIANTE:**
Der gleiche Teig lässt sich auch prima für einen **Aprikosenkuchen mit Haselnuss-Krokant** verwenden. Dafür etwa 900 g abgetropfte Aprikosenhälften (aus der Dose) mit der runden Seite nach unten auf den Teig legen. 50 g gehackte Haselnusskerne und 70 g Nusskrokant mischen und in den Vertiefungen der Aprikosenhälften verteilen. Den Kuchen wie beschrieben backen.

**TIPP:**

Wenn es noch schneller gehen soll, verwenden Sie etwa 900 g abgetropfte Birnenhälften (aus der Dose).

Lieblingsrezept Nr.

# 17

# BIRNEN-MARZIPAN-TARTE

**Zubereitungszeit:** 45 Minuten, ohne Abkühlzeit
**Backzeit:** etwa 45 Minuten

**ZUTATEN FÜR 16 STÜCKE**

**Für den Knetteig:**

200 g Weizenmehl
30 g Zucker
abger. Schale von ½ Bio-Orange (unbehandelt, ungewachst)
1 Eigelb (Größe M)
100 g Butter

**Für den Belag:**

80 g Amarettini-Kekse
5–6 kleine, reife Birnen (ca. 750 g; z. B. Williams Christ)
2 EL Zitronensaft
125 g Marzipan-Rohmasse
2 Eiweiß (Größe M)
125 g Butter (zimmerwarm)
70 g Zucker
3 EL Orangensaft
3 Eigelb (Größe M)
100 g gem. Mandeln
2 EL Speisestärke
30 g gehobelte Mandeln

**Zum Glasieren und Bestäuben:**

2 EL rotes Johannisbeergelee
etwas Puderzucker

**Pro Stück:**

E: 7 g, F: 21 g Kh: 31 g, kcal: 343

**1.** Für den Knetteig Mehl in eine Rührschüssel geben. Zucker, Orangenschale, 1 Prise Salz, Eigelb, 3 Esslöffel Wasser und Butter in Stückchen hinzufügen und alles mit einem Mixer (Knethaken) zunächst kurz auf niedrigster, dann auf höchster Stufe zu einem glatten Teig verarbeiten.

**2.** Teig auf der bemehlten Arbeitsfläche ausrollen. In eine eckige- oder runde Tarteform (30 x 20 cm oder ø 26 cm, gefettet) geben, dabei einen Rand formen. Den Boden in der Form etwa 30 Minuten kalt stellen.

**3.** Für den Belag Amarettini-Kekse in einen Gefrierbeutel geben. Den Beutel verschließen. Die Kekse mit einer Teigrolle fein zerbröseln. Birnen schälen, halbieren, das Kerngehäuse entfernen und mit Zitronensaft beträufeln. Marzipanmasse fein reiben.

**4.** Den Backofen vorheizen.
Ober-/Unterhitze: etwa 200° C
Heißluft: etwa 180° C

**5.** Eiweiß mit einem Mixer (Rührstäbe) auf höchster Stufe steif schlagen.

**6.** Butter in einer Rührschüssel mit einem Mixer (Rührstäbe) auf höchster Stufe geschmeidig rühren. Nach und nach Zucker, Marzipan und Orangensaft unterrühren. Eigelb nach und nach unterrühren (jedes Eigelb etwa ½ Minute). Mandeln mit Speisestärke mischen und in 2 Portionen kurz auf mittlerer Stufe unterrühren. Eischnee in 2 Portionen auf niedriger Stufe untermischen.

**7.** Den Boden mehrmals mit einer Gabel einstechen. Keksbrösel darauf verteilen. Teig auf den Boden verstreichen. Birnen mit der Wölbung nach oben darauflegen. Teigrand mit Mandelblättchen bestreuen.

**8.** Die Form auf dem Rost in den vorgeheizten Backofen (unteres Drittel) schieben. Die Tarte **etwa 45 Minuten backen.**

**9.** Die Form auf einen Kuchenrost stellen. Zum Glasieren Gelee in einem Topf kurz erwärmen und glattrühren. Birnen noch heiß mit dem Gelee bestreichen. Tarte in der Form auskühlen lassen. Mit Puderzucker bestäubt servieren.

**TIPP:**

Wenn keine Kinder mitessen, können Sie den Orangensaft im Teig auch durch Amaretto (Mandellikör) oder Orangenlikör ersetzen.

Lieblingsrezept Nr.
18

# BIRNEN-MOHN-KÄSEKUCHEN

**Zubereitungszeit:** etwa 1 Stunde ohne Abkühlzeit
**Backzeit:** 60–70 Minuten

## ZUTATEN FÜR 12 STÜCKE

**Zum Vorbereiten:**

800 g reife Birnen, z. B. Forelle
4 EL Zitronensaft

**Für die Füllung:**

250 g Mohnback (backfertige Mohnfüllung)
1 Ei (Größe M)
1 EL Bourbon-Vanille-Zucker
5 EL Schlagsahne (mind. 30% Fett)
2 Eiweiß (Größe M)
2 Eigelb (Größe M)
500 g Magerquark
50 g Schmand (24 % Fett)
100 g Zucker
2 EL Speisestärke

**Für den Quark-Öl-Teig:**

200 g Weizenmehl
2 gestr. TL Backpulver
1 Prise Salz
125 g Magerquark
80 ml Rapsöl
50 g Zucker
1 TL abger. Schale von 1 Bio-Zitrone (unbehandelt, ungewachst)

**Zum Bestäuben:**

1 EL Puderzucker

**Pro Stück:**

E: 11 g, F: 14 g Kh: 46 g, kcal: 366

1. Zum Vorbereiten die Birnen schälen, vierteln und das Kerngehäuse entfernen. Die Viertel quer in schmale Spalten schneiden und mit dem Zitronensaft beträufeln.

2. Für die Füllung Mohnback, Ei, Vanille-Zucker und Sahne verrühren. Eiweiß mit einem Mixer (Rührstäbe) auf höchster Stufe steif schlagen.

3. Eigelb in eine Rührschüssel geben. Quark, Schmand, Zucker und Stärke hinzufügen. Die Zutaten mit einem Mixer (Rührstäbe) auf mittlerer Stufe sorgfältig verrühren. Eischnee in 2 Portionen auf niedriger Stufe untermischen.

4. Den Backofen vorheizen.
Ober-/Unterhitze: etwa 180 °C
Heißluft: etwa 160 °C

5. Für den Quark-Öl-Teig Mehl mit Backpulver und Salz in einer Rührschüssel mischen. Quark, Öl, Zucker und Zitronenschale hinzufügen. Die Zutaten mit einem Mixer (Knethaken) auf niedrigster, dann auf höchster Stufe in etwa 1 Minute zu einem Teig verarbeiten (nicht zu lange kneten, der Teig klebt sonst). Den Teig in eine Springform (ø 26 cm, gefettet, mit Backpapier belegt) geben und einen etwa 3 cm hohen Rand hochziehen.

6. Die Birnen auf dem Boden auslegen. Mohnmasse daraufgeben und glatt streichen. Quarkmasse darauf verteilen.

7. Die Form in den vorgeheizten Backofen (unteres Drittel) schieben und den Kuchen **60–70 Minuten backen.**

8. Die Form auf einen Kuchenrost stellen. Den Kuchen abkühlen lassen. Mit Puderzucker bestäubt servieren.

**TIPP:**

Die Quarkmasse können Sie noch mit 1 Esslöffel Rum oder Vanillesirup aromatisieren.

Lieblingsrezept Nr.
19

# BIRNEN-STREUSEL-KUCHEN MIT ZIMT

**Zubereitungszeit:** 50 Minuten, ohne Abkühlzeit
**Backzeit:** etwa 50 Minuten

## ZUTATEN FÜR 20 STÜCK

**Fürden Rührteig:**

200 g Nuss-Nougat
400 g Butter (zimmerwarm)
170 g feiner Kristallzucker
1 Pck. Bourbon-Vanille-Zucker
1 Prise gem. Nelken
1 TL abger. Schale von
1 Bio-Orange
(unbehandelt, ungewachst)
7 Eier (Größe M)
390 g Weizenmehl
3 gestr. TL Backpulver

**Für den Belag:**

1 1/2 kg reife Birnen, z. B.
Abate oder Williams Christ
3 EL Zitronensaft

**Für die Zimtstreusel:**

140 g Butter
250 g Weizenmehl
70 g feiner Kristallzucker
1 TL gem. Zimt

**Zum Bestäuben:**

20 g Puderzucker

**Pro Stück:**

E: 7 g, F: 27 g, Kh: 51 g,
kcal: 477

**1.** Den Backofen vorheizen.
Ober-/Unterhitze: etwa 180 °C
Heißluft: etwa 160 °C

**2.** Für den Rührteig Nuss-Nougat im Wasserbad nach Packungsanleitung schmelzen. Butter mit einem Mixer (Rührstäbe) auf höchster Stufe cremig schlagen. Nuss-Nougat mit Zucker, Vanille-Zucker, Nelken, 1 Prise Salz und Orangenschale hinzugeben. Die Zutaten in etwa 4 Minuten schaumig schlagen. Eier nach und nach unterrühren (jedes Ei etwa ½ Minute). Mehl mit Backpulver mischen und in 2 Portionen kurz auf mittlerer Stufe unterrühren.

**3.** Den Teig in einem tiefen Backblech oder einer Fettpfanne (30 x 40 cm, mit Backpapier belegt) verteilen und glatt streichen.

**4.** Für den Belag Birnen abspülen, abtrocknen und entstielen. Von den Birnen das Kerngehäuse mit einem Kernausstecher oder einem Kugelausstecher herauslösen. Die Birnen auf einem Gemüsehobel in feine Scheiben hobeln und gleichmäßig auf dem Teig verteilen. Mit Zitronensaft beträufeln.

**5.** Für die Zimtstreusel die Butter in einem Topf etwa 2 Minuten erhitzen, bis sie braun wird. Butter etwa 10 Minuten abkühlen lassen.

**6.** Mehl, Zucker, Zimt und 1 Prise Salz in einer Rührschüssel mischen. Die Butter hinzugießen. Die Zutaten mit dem Mixer (Knethaken) zu Streuseln von gewünschter Größe verarbeiten. Die Streusel auf die Birnenscheiben streuen.

**7.** Das Backblech oder die Fettpfanne in den vorgeheizten Backofen schieben. Den Kuchen **etwa 50 Minuten backen.**

**8.** Das Backblech oder die Fettpfanne auf einen Kuchenrost stellen. Den Kuchen erkalten lassen und anschließend mit Puderzucker bestäuben. Den Kuchen in etwa 20 Stücke schneiden und servieren.

Lieblingsrezept Nr.
20

# BIRNEN-SCHOKO-KUCHEN

**Zubereitungszeit:** 60 Minuten, ohne Abkühlzeit
**Backzeit:** etwa 35 Minuten
**Mit Alkohol**

## ZUTATEN FÜR 20 STÜCKE

**Für den Belag:**
- 20 kleine Birnen, z. B. Conference
- 250 ml Weißwein
- 400 ml Apfelsaft
- abger. Schale und Saft von 1 Bio-Zitrone (unbehandelt, ungewachst)
- 150 g Zucker
- 1 Zimtstange
- 1/2 Vanilleschote

**Für den Teig:**
- 200 g Zartbitter-Schokolade (mind. 50 % Kakaoanteil)
- 150 g Butter
- 5 Eier (Größe M)
- 100 g Zucker
- 1 Pck. Vanillin-Zucker
- 150 g Weizenmehl
- 50 g Semmelbrösel
- 2 gestr. TL Backpulver
- 125 g Crème fraîche

**Zum Bestreichen:**
- 3 EL Apfelgelee
- 2 EL Birnenflüssigkeit (von den Birnen)

**Zum Servieren:**
- 125 g Crème fraîche
- 250 g Speisequark (20% Fett)
- 100 ml Birnenflüssigkeit (von den Birnen)
- 1 Pck. Sahnesteif
- 1 TL Zucker

**Pro Stück:**
E: 6 g, F: 16 g, Kh: 36 g, kcal: 315

**1.** Für den Belag die Birnen, schälen und mit einem kleinen Kugelausstecher von unten (sodass der Stiel nicht entfernt wird) das Kerngehäuse entfernen. Restliche Zutaten in einem Topf zum Kochen bringen. Birnen hinzugeben, wieder zum Kochen bringen und 15–20 Minuten (je nach Reife der Birnen) bei schwacher Hitze kochen lassen. Die Birnen in der Flüssigkeit etwa 60 Minuten abkühlen lassen. Anschließend in einem Sieb abtropfen lassen und dabei die Flüssigkeit auffangen.

**2.** Für den Teig Schokolade in kleine Stücke brechen. Zwei Drittel davon mit der Butter in einem Topf im Wasserbad bei schwacher Hitze unter Rühren schmelzen. Den Topf aus dem Wasserbad nehmen und die restliche Schokolade darin unter Rühren schmelzen. Die Schokoladenmasse etwas abkühlen lassen.

**3.** Den Backofen vorheizen.
Ober-/Unterhitze: etwa 180 °C
Heißluft: etwa 160 °C

**4.** Die Eier in einer Rührschüssel mit einem Mixer (Rührstäbe) auf höchster Stufe in 1 Minute schaumig schlagen. Den Zucker mit Vanillin-Zucker mischen, in 1 Minute einstreuen, dann noch etwa 2 Minuten schlagen. Mehl mit Semmelbröseln und Backpulver mischen und unter die Eiercreme heben. Schokoladenmasse und Crème fraîche vorsichtig unterrühren.

**5.** Einen Backrahmen auf ein Backblech (30 x 40 cm, gefettet) stellen. Teig auf das Backblech geben und glatt streichen. Birnen darauf verteilen, etwas in den Teig drücken. Backblech in den vorgeheizten Backofen schieben. Kuchen **etwa 35 Minuten backen.**

**6.** Das Backblech auf einen Kuchenrost stellen. Zum Bestreichen Apfelgelee mit der Birnenflüssigkeit in einem kleinen Topf verrühren und aufkochen lassen. Die Kuchenoberfläche und die Birnen damit bestreichen. Den Kuchen erkalten lassen, Backrahmen lösen und entfernen.

**7.** Zum Servieren Crème fraîche mit Quark und Birnenflüssigkeit verrühren. Sahnesteif mit Zucker mischen und hinzugeben. Die Zutaten mit dem Mixer (Rührstäbe) cremig aufschlagen, dazu reichen.

Lieblingsrezept Nr.
21

# BIRNEN-BLÄTTERTEIG-TARTE

**Zubereitungszeit:** 25 Minuten, ohne Abkühlzeit
**Backzeit:** etwa 30 Minuten

## ZUTATEN FÜR 12 STÜCKE

**ZUM VORBEREITEN:**

1 Pck. Blätterteig (aus dem Kühlregal, etwa 270 g)

**FÜR DEN BELAG:**

3–4 Birnen (etwa 600 g)
Saft von 1/2 Zitrone
2 EL brauner Zucker
1 Pck. backfeste Vanille-Puddingcreme (ohne Kochen)
100 ml Milch (3,5 % Fett)
200 g Schmand (Sauerrahm)
60 g Wild-Preiselbeeren (aus dem Glas)

**ZUM BESTÄUBEN:**

etwas Puderzucker

**ZUSÄTZLICH:**

rechteckige Tarteform mit Hebeboden (29 x 20 cm)

**PRO STÜCK:**

E: 2 g, F: 12 g, Kh: 22 g, kcal: 200

1. Zum Vorbereiten den Blätterteig aus der Packung nehmen und entrollen. Den Boden in Größe der Tarteform (mit Backpapier belegt) zuschneiden und in die Form legen. Aus den Teigresten lange Streifen schneiden.

2. Den Backofen vorheizen. Ober-/Unterhitze: etwa 200 °C Heißluft: etwa 180 °C

3. Für den Belag Birnen schälen, vierteln und das Kerngehäuse entfernen. Birnenviertel quer fein hobeln und sofort mit Zitronensaft und Zucker mischen. Vanille-Pudingcreme-Pulver in einer Rührschüssel mit Milch, Schmand und Preiselbeeren verrühren. Birnenstücke unterheben.

4. Die Pudding-Preiselbeer-Birnen-Masse auf dem Teig verteilen. Blätterteigstreifen dekorativ darauflegen.

5. Die Form auf dem Rost in den vorgeheizten Backofen (unteres Drittel) schieben. Die Tarte **etwa 30 Minuten backen.** Falls die Tarte zu dunkel wird, die Form mit Backpapier bedecken.

6. Die Form auf einen Kuchenrost stellen. Die Blätterteig-Birnen-Tarte etwas abkühlen lassen, dann aus der Form lösen und auf eine Kuchenplatte legen. Die Tarte mit Puderzucker fein bestäuben.

**TIPPS:**

Sie können den Kuchen auch in einer runden Tarteform mit Hebeboden (ø 26 cm) backen.

Dazu passt Schlagsahne oder Vanilleeis.

Die Birnen-Blätterteig-Tarte schmeckt frisch aus dem Backofen am besten.

Sie können auch tiefgefrorenen Blätterteig verwenden. Dieser muss dann vor der weiteren Verarbeitung aufgetaut werden. Legen Sie hierfür die Blätterteigplatten zugedeckt (mit einem Geschirrtuch) nebeneinander.

Lieblingsrezept Nr.
22

# FLAMMKUCHEN MIT BIRNEN

**Zubereitungszeit:** 20 Minuten, ohne Abkühlzeit
**Backzeit:** 10–15 Minuten

**ZUTATEN FÜR 10–12 STÜCKE**

**FÜR DEN QUARK-ÖL-TEIG:**

- 250 g Weizenmehl
- 2 gestr. TL Backpulver
- 125 g Magerquark
- 80 ml Milch (3,5 % Fett)
- 80 ml Rapsöl
- ½ TL Zucker

**FÜR DEN BELAG:**

- 3 mittelgroße Birnen
- 2 EL Zitronensaft
- 250 g Crème fraîche
- 100 g Korinthen
- 75 g gehobelte Mandeln
- 2–3 EL Zucker

**PRO STÜCK:**

E: 7 g, F: 18 g, Kh: 33 g, kcal: 325

**1.** Für den Quark-Öl-Teig Mehl mit Backpulver in einer Rührschüssel mischen. Quark, Milch, Rapsöl, Zucker und 1 Prise Salz hinzufügen. Die Zutaten mit einem Mixer (Knethaken) zuerst auf niedrigster, dann auf höchster Stufe in etwa 1 Minute zu einem Teig verarbeiten (nicht zu lange, da der Teig ansonsten anfängt zu kleben).

**2.** Den Teig auf einem Backblech (30 x 40 cm, gefettet, mit Backpapier belegt) dünn ausrollen.

**3.** Den Backofen vorheizen.
Ober-/Unterhitze: etwa 220 °C
Heißluft: etwa 200 °C

**4.** Für den Belag Birnen schälen, vierteln, entkernen und in feine Spalten schneiden. Birnenspalten mit Zitronensaft mischen.

**5.** Crème fraîche auf dem Teigboden verstreichen. Birnen, Korinthen und Mandeln darauf verteilen. Zucker daraufstreuen.

**6.** Das Backblech in den vorgeheizten Backofen schieben. Flammkuchen **10–15 Minuten backen.**

**7.** Das Backblech auf einen Kuchenrost stellen. Den Kuchen nach Belieben noch warm oder abgekühlt servieren.

**TIPP:**

Der süße Flammkuchen schmeckt auch mit einem Belag aus Äpfeln. Für einen **Apfel-Flammkuchen** 250 g Äpfel abspülen, abtrocknen, vierteln, das Kerngehäuse entfernen und die Äpfel in feine Spalten schneiden. 250 g Crème double mit 50 g gehackten Nüssen, 1 Esslöffel braunen Zucker, ½ Päckchen Vanillin-Zucker und ½ Päckchen Finesse Geriebene Zitronenschale mischen und auf dem Teigboden verteilen. Den süßen Flammkuchen wie im Rezept beschrieben backen.

Lieblingsrezept Nr.
23

# ROTWEINBIRNEN-KÄSEKUCHEN

**Zubereitungszeit:** 45 Minuten, ohne Durchzieh- und Abkühlzeit
**Backzeit:** 70–75 Minuten
**Mit Alkohol**

### ZUTATEN FÜR 16 STÜCKE

**Zum Vorbereiten:**
- 750 g Birnen (etwa 4 nicht zu reife Birnen)
- 400 ml Rotwein
- 125 g Zucker
- 1 Zimtstange

**Für den Streuselteig:**
- 175 g Butter oder Margarine
- 300 g Weizenmehl
- 150 g Zucker
- 1 Pck. Vanillin-Zucker
- 1 Ei (Größe M)

**Für den Belag:**
- 500 g Magerquark
- 250 g Crème fraîche
- 80 g Zucker
- 1 Pck. Pudding-Pulver Vanille-Geschmack
- 2 Eigelb (Größe M)
- 2 Eiweiß (Größe M)

**Für den Guss:**
- 50 g Puderzucker
- 1 EL Rotweinflüssigkeit (von den Birnen)

**Pro Stück:**
E: 8 g, F: 16 g, Kh: 42 g, kcal: 344

**1.** Zum Vorbereiten die Birnen schälen, halbieren und entkernen. Rotwein mit Zucker und Zimt in einen Topf geben. Birnenhälften hinzufügen, zum Kochen bringen und etwa 15 Minuten bei schwacher Hitze kochen lassen (die Kochzeit richtet sich nach der Reife der Birnen). Den Topf von der Kochstelle nehmen. Die Birnenhälften in der Rotweinflüssigkeit erkalten und mindestens 2–3 Stunden oder über Nacht durchziehen lassen. Die Birnen in einem Sieb gut abtropfen lassen. Die Rotweinflüssigkeit dabei auffangen.

**2.** Für den Streuselteig Butter oder Margarine zerlassen und abkühlen lassen. Mehl in eine Rührschüssel geben. Zucker, Vanillin-Zucker, Ei und Butter oder Margarine hinzufügen.

**3.** Die Zutaten mit einem Mixer (Rührstäbe) zunächst kurz auf niedrigster, danach auf höchster Stufe zu Streuseln verarbeiten.

**4.** Den Backofen vorheizen.
Ober-/Unterhitze: etwa 180 °C
Heißluft: etwa 160 °C

**5.** Drei Viertel der Teigstreusel in eine Springform (ø 26 cm, gefettet) geben, zu einem Boden und einem etwa 3 cm hohen Rand andrücken.

**6.** Für den Belag Quark mit Crème fraîche, Zucker, Pudding-Pulver und Eigelb in einer Rührschüssel verrühren. Eiweiß mit 1 Prise Salz steif schlagen und unter die Quarkmasse heben.

**7.** Ein Viertel der Quarkmasse auf den Streuselboden geben und glatt streichen. Die Birnenhälften darauf verteilen. Restliche Quarkmasse darauf verstreichen.

**8.** Restliche Teigstreusel auf die Quarkmasse streuen. Die Form auf dem Rost in den vorgeheizten Backofen schieben. Den Kuchen 70–75 Minuten backen.

**9.** Die Form auf einen Kuchenrost stellen. Den Kuchen etwa 15 Minuten in der Form abkühlen lassen, dann vom Springformrand und -boden lösen. Springformrand entfernen. Den Kuchen auf dem Springformboden erkalten lassen.

**10.** Für den Guss den Puderzucker mit Rotweinflüssigkeit verrühren, sodass eine dickflüssige Masse entsteht. Den Guss in einen Gefrierbeutel geben und eine kleine Ecke abschneiden. Die Kuchenoberfläche damit garnieren. Anschließend den Guss fest werden lassen.

Lieblingsrezept Nr.
24

# DONAUWELLEN

**Zubereitungszeit:** 45 Minuten, ohne Kühlzeit
**Backzeit:** etwa 40 Minuten

**ZUTATEN FÜR 20 STÜCKE**

**FÜR DEN RÜHRTEIG:**

250 g Butter oder Margarine (zimmerwarm)
200 g Zucker
1 Pck. Vanillin-Zucker
5 Eier (Größe M)
375 g Weizenmehl
3 gestr. TL Backpulver
20 g Kakaopulver
1 EL Milch (3,5 % Fett)
700 g gut abgetropfte Sauerkirschen (aus dem Glas)

**FÜR DIE BUTTERCREME:**

1 Pck. Pudding-Pulver Vanille-Geschmack
100 g Zucker
500 ml Milch (3,5 % Fett)
250 g Butter (zimmerwarm)

**FÜR DEN GUSS:**

200 g Zartbitter-Schokolade (etwa 50 % Kakaoanteil)
2 EL Sonnenblumenöl

**PRO STÜCK:**

E: 6 g, F: 29 g, Kh: 42 g, kcal: 456

**1.** Den Backofen vorheizen.
Ober-/Unterhitze: etwa 180 °C
Heißluft: etwa 160 °C

**2.** Für den Rührteig Butter oder Margarine mit einem Mixer (Rührstäbe) auf höchster Stufe geschmeidig rühren. Nach und nach Zucker, Vanillin-Zucker und 1 Prise Salz unterrühren. So lange rühren, bis eine gebundene Masse entstanden ist.

**3.** Eier nach und nach unterrühren (jedes Ei etwa ½ Minute). Mehl mit Backpulver mischen, in 2 Portionen kurz auf mittlerer Stufe unterrühren.

**4.** Knapp zwei Drittel des Teiges auf einem tiefen Backblech oder einer Fettpfanne mit hohem Rand (30 x 40 cm, gefettet) glatt verstreichen. Kakao mit Milch unter den restlichen Teig rühren und gleichmäßig auf dem hellen Teig verteilen.

**5.** Die abgetropften Sauerkirschen kurz auf Küchenpapier legen, auf dem dunklen Teig verteilen und mit einem Löffel etwas in den Teig drücken. Das Backblech in den vorgeheizten Backofen (unteres Drittel) schieben. Den Kuchenboden **etwa 40 Minuten backen.**

**6.** Das Backblech auf einen Kuchenrost stellen, den Kuchenboden erkalten lassen.

**7.** Für die Buttercreme aus Pudding-Pulver, Zucker und Milch einen Pudding nach Packungsanleitung zubereiten. Pudding erkalten lassen (nicht kalt stellen), dabei gelegentlich umrühren.

**8.** Die Butter mit einem Mixer (Rührstäbe) geschmeidig rühren. Erkalteten Pudding esslöffelweise unterrühren. Dabei darauf achten, dass Butter und Pudding Zimmertemperatur haben, da die Buttercreme sonst gerinnt.

**9.** Den erkalteten Kuchenboden gleichmäßig mit der Buttercreme bestreichen. Den Kuchen etwa 1 Stunde in den Kühlschrank stellen.

**10.** Für den Guss Schokolade in Stücke brechen, mit Sonnenblumenöl in einem kleinen Topf im Wasserbad bei schwacher Hitze unter Rühren schmelzen. Den Guss auf die fest gewordene Buttercreme streichen und mithilfe eines Tortengarnierkammes verzieren.

Lieblingsrezept Nr.
25

# FLORENTINER KIRSCHKUCHEN

**Zubereitungszeit:** 1 Stunde, ohne Teiggeh- und Abkühlzeit
**Backzeit:** etwa 35 Minuten

**ZUTATEN FÜR 20 STÜCKE**

**Für den Hefeteig:**

- 150 ml Milch (3,5 % Fett)
- 400 g Weizenmehl
- 42 g frische Hefe
- 100 g Zucker
- 50 g Butter (zimmerwarm)
- 1 Ei (Größe M)

**Für den Belag:**

- 600 g Süßkirschen
- 600 g Sauerkirschen
- 1 Pck. Bourbon-Vanille-Pudding-Pulver
- 500 ml Milch (3,5 % Fett)
- 2 EL Zucker

**Für den Krokant:**

- 100 g Butter
- 150 g Zucker
- 3 EL Honig
- 50 g Schlagsahne (mind. 30 % Fett)
- 100 g gehobelte Mandeln
- 100 g gestiftelte Mandeln

**Pro Stück:**

E: 7 g, F: 14 g, Kh: 42 g, kcal: 333

**1.** Für den Hefeteig Milch lauwarm erhitzen. Mehl in eine Rührschüssel geben, eine Mulde hineindrücken. Hefe hineinbröckeln, 1 Teelöffel Zucker hinzufügen und mit 4 Esslöffeln Milch verrühren. Mit etwas Mehl vom Rand bestäuben und zugedeckt etwa 15 Minuten gehen lassen.

**2.** Übrige Milch, Butter, restlichen Zucker und Ei hinzufügen. Alle Zutaten mit einem Mixer (Knethaken) zunächst kurz auf niedrigster, dann auf höchster Stufe in etwa 5 Minuten zu einem glatten, elastischen Teig verarbeiten. Teig zugedeckt etwa 1 Stunde an einem warmen Ort gehen lassen.

**3.** Für den Belag Süß- und Sauerkirschen abspülen, abtropfen lassen und entsteinen.

**4.** Puddingpulver mit 4 Esslöffeln Milch und Zucker glatt rühren. Übrige Milch in einem Topf erhitzen. Puddingmischung einrühren und etwa 2 Minuten unter Rühren köcheln. Vom Herd nehmen und kurz abkühlen lassen.

**5.** Den Teig auf bemehlter Fläche ausrollen und auf ein tiefes Backblech (30 x 40 cm, gefettet) legen, einen Rand hochziehen. Etwa 30 Minuten gehen lassen.

**6.** Den Backofen vorheizen.
Ober-/Unterhitze: 180 °C
Heißluft: 160 °C

**7.** Die Kirschen unter den Pudding heben, die Masse auf dem Hefeteig verteilen.

**8.** Für den Krokant Butter, Zucker, Honig und Sahne aufkochen und etwa 2 Minuten köcheln lassen. Mandeln unterheben, Masse etwas abkühlen lassen, dann auf die Puddingcreme streichen.

**9.** Das Backblech in den vorgeheizten Backofen schieben und den Kuchen **etwa 35 Minuten backen.**

**10.** Das Backblech auf einen Kuchenrost stellen. Den Kuchen erkalten lassen.

Lieblingsrezept Nr.
26

# KÄSEKUCHEN MIT SAUERKIRSCHEN

**Zubereitungszeit:** etwa 30 Minuten, ohne Abkühlzeit
**Backzeit:** etwa 45 Minuten

**ZUTATEN FÜR ETWA 12 STÜCKE:**

**Für die Füllung:**

1 Glas Sauerkirschen (Abtropfgewicht etwa 350 g)

**Für die Quarkmasse:**

6 Eiweiß (Größe M)
100 g Zucker
6 Eigelb (Größe M)
750 g Magerquark
150 g Crème fraîche
75 g Zucker
1 Pck. Bourbon-Vanille-Zucker
70 g Weichweizengrieß
80 g Rosinen

**Zusätzlich:**

Butter oder Margarine (zimmerwarm) zum Einfetten
etwa 1 EL Semmelbrösel zum Ausstreuen

**Pro Stück:**

E: 13 g, F: 8 g, Kh: 32 g, kcal: 257

**1.** Für die Füllung die Kirschen in einem Sieb abtropfen lassen.

**2.** Den Boden einer Springform (Ø 26 cm, gefettet), mit Semmelbröseln gleichmäßig dünn ausstreuen (dafür die Brösel in der Form hin- und her schwenken).

**3.** Den Backofen vorheizen. Ober-/Unterhitze: etwa 200 °C Heißluft: nicht geeignet

**4.** Für die Quarkmasse zunächst Eiweiß mit Zucker in einer Rührschüssel mit einem Mixer (Rührstäbe) auf höchster Stufe steif schlagen. Der Eischnee muss so fest sein, dass ein Messerschnitt sichtbar bleibt.

**5.** In einer anderen Schüssel Eigelb mit Quark, Crème fraîche, Zucker, Vanille-Zucker und Grieß mit dem Mixer (Rührstäbe) verrühren. Rosinen mit dem Eischnee portionsweise mit einem Teigschaber unter die Quarkmasse heben.

**6.** Die Hälfte der Quarkmasse in die Springform geben und mit einem Esslöffel glatt streichen. Die Sauerkirschen darauf verteilen. Restliche Quarkmasse daraufgeben und glatt streichen.

**7.** Die Form auf dem Rost auf mittlerer Einschubleiste in den vorgeheizten Backofen schieben. Den Kuchen **etwa 25 Minuten backen.** Dann die Backofentemperatur auf etwa 150 °C herunterschalten. Den Kuchen **weitere etwa 20 Minuten backen.**

**8.** Den Kuchen auf einen Kuchenrost stellen und mindestens 3 Stunden (besser über Nacht) in der Form erkalten lassen.

**9.** Den Kuchen vor dem Servieren mit einem Messer vom Springformrand lösen und entfernen. Mit einem langen Messer den Springformboden lösen und den Kuchen mit der Tortenscheibe (Tortengarnierscheibe) auf eine Tortenplatte umsetzen. Kuchen in 12 Stücke schneiden.

**TIPP:**

Sie können für den Kuchen auch frische Kirschen verwenden. Hierfür die gleiche Menge Kirschen abspülen, abtropfen lassen, entstielen und entsteinen. Kirschen mit 40–50 g Zucker mischen und zum Saftziehen stehen lassen. Kirschen mit Saft in einem Topf kurz aufkochen lassen und in einem Sieb gut abtropfen lassen.

Lieblingsrezept Nr.
27

# KIRSCH-JOGHURT-SCHNITTEN

**Zubereitungszeit:** 30 Minuten, ohne Abkühl- und Kühlzeit
**Backzeit:** etwa 10 Minuten

## ZUTATEN FÜR 20 STÜCKE

### FÜR DEN BISKUITTEIG:

- 4 Eier (Größe M)
- 150 g Zucker
- 1 Pck. Vanillin-Zucker
- 150 g Weizenmehl
- 1 gestr. TL Backpulver

### FÜR DEN BELAG:

- 12 Blatt weiße Gelatine
- 500 g Joghurt (3,5 % Fett)
- 125 g Puderzucker
- 1 Pck. Vanillin-Zucker
- abger. Schale und Saft von 1 Bio-Zitrone (unbehandelt, ungewachst)
- 400 g gekühlte Schlagsahne (mind. 30 % Fett)
- 740 g abgetropfte Sauer- oder entsteinte Kaiserkirschen (aus dem Glas)

### ZUM GARNIEREN UND BESTÄUBEN:

- 25 g Raspelschokolade
- evtl. Puderzucker

### PRO STÜCK:

E: 5 g, F: 9 g, Kh: 30 g, kcal: 228

**1.** Den Backofen vorheizen.
Ober-/Unterhitze: etwa 200 °C
Heißluft: etwa 180 °C

**2.** Für den Biskuitteig Eier mit einem Mixer (Rührstäbe) auf höchster Stufe in etwa 1 Minute schaumig schlagen. Zucker mit Vanillin-Zucker mischen, in etwa 1 Minute einstreuen, dann noch etwa 2 Minuten schlagen.

**3.** Mehl mit Backpulver mischen, auf die Eier creme geben und kurz auf niedrigster Stufe unterrühren. Den Teig auf einem Backblech (30 x 40 cm, gefettet, bemehlt) verstreichen.

**4.** Das Backblech in den vorgeheizten Backofen schieben. Den Boden **etwa 10 Minuten backen.**

**5.** Das Backblech auf einen Kuchenrost stellen, den Boden darauf erkalten lassen.

**6.** Für den Belag Gelatine in kaltem Wasser nach Packungsanleitung einweichen. Joghurt mit Puderzucker, Vanillin-Zucker, Zitronenschale und -saft verrühren.

**7.** Gelatine leicht ausdrücken, und in einem kleinen Topf bei schwacher Hitze unter Rühren auflösen.

**8.** Gelatine mit etwa 4 Esslöffeln von der Joghurtmasse verrühren, dann mit der restlichen Joghurtmasse verrühren.

**9.** Sahne steif schlagen. Wenn die Joghurtmasse anfängt dicklich zu werden, Sahne und Kirschen unterheben. Einen Backrahmen um den Biskuitboden stellen. Die Joghurt-Sahne-Creme darauf verteilen, glatt streichen und etwa 2 Stunden in den Kühlschrank stellen.

**10.** Vor dem Servieren den Backrahmen mit einem Messer vorsichtig lösen und entfernen. Den Kuchen in Schnitten teilen. Joghurtschnitten mit Raspelschokolade garnieren und nach Belieben mit Puderzucker bestäuben.

**TIPP:**

Sie können für den Kuchen auch frische Kirschen verwenden. Hierfür die gleiche Menge Kirschen abspülen, abtropfen lassen, entstielen und entsteinen. Kirschen mit 40–80 g Zucker mischen und zum Saftziehen stehen lassen. Kirschen mit Saft in einem Topf kurz aufkochen lassen und in einem Sieb abtropfen lassen.

Lieblingsrezept Nr.
28

# KIRSCH-MANDEL-KUCHEN OHNE MEHL

**Zubereitungszeit:** 35 Minuten, ohne Abkühlzeit
**Backzeit:** etwa 50 Minuten

### ZUTATEN FÜR 12 STÜCKE

**Zum Vorbereiten:**
400 g Sauerkirschen

**Für den Rührteig:**
4 Eiweiß (Größe M)
120 g Zucker
125 g Butter (zimmerwarm)
1 Pck. Bourbon-Vanille-Zucker
1 TL abger. Schale von
1 Bio-Zitrone
(unbehandelt, ungewachst)
4 Eigelb (Größe M)
250 g gem. Mandeln
2 TL Backpulver
75 g Schoko-Tröpfchen

**Zum Bestäuben:**
etwas Puderzucker

**Pro Stück:**
E: 8 g, F: 23 g, Kh: 19 g, kcal: 329

1. Zum Vorbereiten die Kirschen abspülen, abtropfen lassen, entstielen und entsteinen.

2. Den Backofen vorheizen. Ober-/Unterhitze: 180 °C Heißluft: 160 °C

3. Für den Rührteig Eiweiß mit einem Mixer (Rührstäbe) auf höchster Stufe steif schlagen, dabei 20 g Zucker einrieseln lassen.

4. Butter in einer Rührschüssel mit einem Mixer (Rührstäbe) auf höchster Stufe geschmeidig rühren. Nach und nach übrigen Zucker, Vanille-Zucker und Zitronenschale unterrühren. So lange rühren, bis eine gebundene Masse entstanden ist. Eigelb nach und nach unterrühren (jedes Eigelb etwa ½ Minute). Mandeln mit Backpulver mischen und in 2 Portionen kurz auf mittlerer Stufe unterrühren. Schoko-Tröpfchen kurz unterrühren. Den Eischnee in 2 Portionen auf niedriger Stufe untermischen.

5. Die Hälfte des Teigs in eine Springform (Ø 26 cm, mit Backpapier belegt, gefettet) füllen und glatt streichen. Die Hälfte der Kirschen darauf verteilen, restlichen Teig daraufgeben und glatt streichen. Die restlichen Kirschen darauf verteilen.

6. Die Form auf dem Rost in den vorgeheizten Backofen (unteres Drittel) schieben. Den Kuchen **etwa 50 Minuten backen.** Nach etwa 30 Minuten mit einem Stück Backpapier abdecken.

7. Die Form auf einen Kuchenrost stellen und den Kuchen in der Form vollständig abkühlen lassen. Den Kuchen aus der Form lösen, auf eine Kuchenplatte setzen und mit Puderzucker bestäubt servieren.

**TIPP:**

Schoko-Tröpfchen sind backstabil, das heißt, sie behalten beim Backen Form und Biss und schmelzen nicht. Alternativ können Sie auch gehackte Zartbitter-Schokolade verwenden.

Lieblingsrezept Nr.
29

# KIRSCH-VANILLE-PIE

**Zubereitungszeit:** 30 Minuten, ohne Kühlzeit
**Backzeit:** 35–40 Minuten

**ZUTATEN FÜR 12 STÜCKE**

**FÜR DEN TEIG:**

200 g Butter (zimmerwarm)
80 g Puderzucker
1 TL gem. Vanille
1 TL gem. Zimt
1 Eigelb (Größe M)
320 g Weizenmehl

**FÜR DIE FÜLLUNG:**

500 g TK-Sauerkirschen (entsteint)
350 ml Kirschsaft
50 g Speisestärke
80 g Zucker

**ZUM VERZIEREN:**

1 Eigelb (Größe M)
2 EL Schlagsahne
etwas Puderzucker

**PRO STÜCK:**

E: 4 g, F: 16 g, Kh: 45 g, kcal: 350

**1.** Für den Teig Butter in eine Rührschüssel geben und mit einem Mixer (Rührstäbe) geschmeidig rühren. Nach und nach Puderzucker, 1 Prise Salz, Vanille, Zimt und Eigelb unterrühren. So lange rühren, bis eine cremige Masse entstanden ist.

**2.** Mehl in 2 Portionen mit dem Mixer (Knethaken) unterkneten, bis ein glatter Teig entsteht. Sollte der Teig zu fest sein, noch 2–3 Esslöffel kaltes Wasser dazugeben. Teig in Frischhaltefolie gewickelt etwa 60 Minuten in den Kühlschrank legen.

**3.** Für die Füllung die Kirschen auftauen lassen.

**4.** 50 ml Kirschsaft mit Stärke und Zucker glatt verrühren. Übrigen Kirschsaft in einem Topf aufkochen, Kirsch-Stärke-Mischung einrühren. Unter Rühren aufkochen und 2–3 Minuten köcheln lassen, bis der Saft andickt. Die aufgetauten Kirschen unterrühren und das Kompott etwas abkühlen lassen.

**5.** Den Backofen vorheizen.
Ober-/Unterhitze: etwa 180 °C
Heißluft: etwa 160 °C

**6.** Zwei Drittel vom Teig auf einer leicht bemehlten Arbeitsfläche 3–4 mm dünn zu einer runden Platte ausrollen. Eine Springform (ø 28 cm, gefettet, mit Backpapier ausgelegt) damit auslegen. Den Teig am Rand leicht andrücken. Den Boden mit einer Gabel mehrmals einstechen und das Kompott einfüllen.

**7.** Den restlichen Teig auf der leicht bemehlten Arbeitsfläche in der Größe der Form ausrollen. Auf die Kirschen legen, den Rand andrücken. In der Teigmitte ein kleines rundes Loch ausstechen.

**8.** Zum Verzieren Eigelb mit Sahne verrühren und die Pie damit bestreichen.

**9.** Die Pie in den vorgeheizten Backofen schieben und in **35–40 Minuten goldbraun backen,** eventuell nach 30 Minuten mit Backpapier abdecken.

**10.** Die Pie in der Form auf einem Kuchenrost abkühlen lassen. Mit Puderzucker bestäubt servieren.

**TIPP:**

Besonders gut schmeckt die Pie mit einer halbsteifen Vanillesahne. Dafür Schlagsahne mit Bourbon-Vanille-Zucker oder Vanillepulver halb steif schlagen.

Lieblingsrezept Nr.
30

# KIRSCH-ZUPFKUCHEN

**Zubereitungszeit:** 45 Minuten, ohne Kühlzeit
**Backzeit:** etwa 45 Minuten

## ZUTATEN FÜR 20 STÜCKE

### FÜR DEN KNETTEIG:

- 400 g Weizenmehl
- 40 g Kakaopulver
- 3 gestr. TL Backpulver
- 150 g Zucker
- 1 Pck. Vanillin-Zucker
- 2 Eier (Größe M)
- 200 g Butter oder Margarine (zimmerwarm)

### FÜR DIE FÜLLUNG:

- 1 kg Magerquark
- 125 g Zucker
- 2 Pck. Pudding-Pulver Vanille-Geschmack
- 4 Eier (Größe M)
- 250 g zerlassene, abgekühlte Butter oder Margarine
- 370 g abgetropfte Sauerkirschen (aus dem Glas)

### PRO STÜCK:

E: 12 g, F: 21 g, Kh: 38 g, kcal: 392

**1.** Für den Knetteig Mehl mit Kakao und Backpulver mischen, in eine Rührschüssel sieben. Zucker, Vanillin-Zucker, Eier und Butter oder Margarine hinzufügen. Die Zutaten mit einem Mixer (Knethaken) zunächst kurz auf niedrigster, dann auf höchster Stufe gut durcharbeiten.

**2.** Anschließend auf der bemehlten Arbeitsfläche zu einem glatten Teig verkneten. Sollte er kleben, ihn in Folie gewickelt eine Zeit lang kalt stellen.

**3.** Den Backofen vorheizen.
Ober-/Unterhitze: etwa 180 °C
Heißluft: etwa 160 °C

**4.** Zwei Drittel des Teiges auf einem Backblech (30 x 40 cm, gefettet) ausrollen.

**5.** Für die Füllung Quark, Zucker, Pudding-Pulver und Eier in eine Rührschüssel geben. Die Zutaten mit dem Mixer (Rührstäbe) zu einer geschmeidigen Masse verrühren. Zuletzt Butter oder Margarine hinzugeben. Die Quarkmasse auf den Teigboden geben und glatt streichen.

**6.** Die abgetropften Sauerkirschen in Nestern auf die Quarkmasse geben.

**7.** Restlichen Teig in Stücke zupfen, evtl. etwas Mehl unterkneten und dekorativ zwischen den Kirschen verteilen.

**8.** Das Backblech in den vorgeheizten Backofen schieben. Den Kuchen **etwa 45 Minuten backen.**

**9.** Das Backblech auf einen Kuchenrost stellen. Den Kuchen erkalten lassen.

### TIPPS:

Der Kuchen kann am Vortag zubereitet werden.

Anstelle von Sauerkirschen Stachelbeeren oder Aprikosenhälften verwenden.

Lieblingsrezept Nr.
31

# SAUERKIRSCH-TEEKUCHEN

**Zubereitungszeit:** 40 Minuten, ohne Einweich- und Abkühlzeit
**Backzeit:** etwa 55 Minuten
**Mit Alkohol**

### ZUTATEN FÜR 16 STÜCKE

**Zum Vorbereiten:**

200 g Rosinen
40 ml Rum oder Wasser

**Für den Teig:**

250 g Butter oder Margarine (zimmerwarm)
100 g brauner Rohrzucker
je 1 Prise gem. Zimt, Nelken, Kardamom
6 Eier (Größe M)
80 g Kristallzucker
320 g Weizenmehl
2 gestr. TL Backpulver
350 g gut abgetropfte Sauerkirschen (aus dem Glas)

**Zusätzlich:**

200 g gehobelte Mandeln
200 g Aprikosenkonfitüre

**Pro Stück:**

E: 8 g, F: 22 g, Kh: 47 g, kcal: 427

**1.** Den Backofen vorheizen.
Ober-/Unterhitze: etwa 180 °C
Heißluft: etwa 160 °C

**2.** Zum Vorbereiten Rosinen etwa 20 Minuten in Rum oder warmem Wasser einweichen. Anschließend in einem Sieb abtropfen lassen.

**3.** Für den Teig Butter oder Margarine mit Rohrzucker und den Gewürzen mit einem Mixer (Rührstäbe) auf höchster Stufe in 3–4 Minuten schaumig schlagen. Eier trennen. Eigelb kurz unter die Butter schlagen.

**4.** Eiweiß in eine zweite Rührschüssel geben. Rührstäbe gründlich reinigen. Eiweiß mit dem Mixer (Rührstäbe) auf höchster Stufe steif schlagen. Zucker unterschlagen.

**5.** Mehl mit Backpulver mischen. Vorbereitete Rosinen mit den Sauerkirschen auf einem Bogen Backpapier verteilen. Mit 3 Esslöffeln von der Mehlmischung bestreuen, die Rosinen und Sauerkirschen darin wälzen. Restliches Mehlgemisch zur Buttermasse geben. Die Hälfte des Eischnees hinzugeben und alles mit einem Teigschaber zu einem glatten Teig vermischen. Restlichen Eischnee vorsichtig unterheben. Die Rosinen und Sauerkirschen unterziehen.

**6.** Den Teig in eine Kastenform (30 x 11 cm, mit Backpapier ausgelegt) geben und glatt streichen. Die Form auf dem Rost in den vorgeheizten Backofen schieben. Den Kuchen etwa 55 Minuten backen.

**7.** Die Form auf einen Kuchenrost stellen und den Kuchen etwa 1 Stunde abkühlen lassen.

**8.** Mandeln auf einem Backblech (mit Backpapier belegt) verteilen. Das Backblech in den heißen Backofen schieben und die Mandeln bei gleicher Backofentemperatur in **etwa 10 Minuten goldbraun rösten.**

**9.** Das Backblech auf einen Kuchenrost stellen. Die Mandeln etwa 20 Minuten abkühlen lassen.

**10.** Konfitüre in einem kleinen Topf unter Rühren bei starker Hitze aufkochen lassen. Den Teekuchen aus der Form nehmen. Mitgebackenes Backpapier abziehen und den Kuchen auf eine Seite legen. Die Unterseite mit Konfitüre bestreichen und den Kuchen auf das „Mandelbett“ stellen. Den Teekuchen rundherum mit Konfitüre bestreichen und von allen Seiten in den Mandeln wälzen.

Lieblingsrezept Nr.
32

# BUCHWEIZEN-PFLAUMEN-TORTE

**Zubereitungszeit:** 60 Minuten, ohne Abkühlzeit
**Backzeit:** 50–60 Minuten

**ZUTATEN FÜR 16 STÜCKE**

**FÜR DEN RÜHRTEIG:**

2 Birnen (jeweils etwa 170 g)
2 EL Zitronensaft
6 Eier (Größe M)
150 g Zucker
200 g Butter (zimmerwarm)
1 Pck. Bourbon-Vanille-Zucker
2 Msp. gem. Zimt
200 g Buchweizenmehl
200 g gem. Mandeln
1 Pck. Backpulver

**FÜR DAS PFLAUMENKOMPOTT:**

250 g blaue Pflaumen (oder Zwetschen)
50 g Pflaumenmus
75 ml Birnen- oder Apfelsaft
1 TL ungezuckertes Tortengusspulver, klar

**FÜR DIE FÜLLUNG:**

250 g Pflaumenmus
200 g Schlagsahne (mind. 30 % Fett)
1 Pck. Sahnesteif
etwas Puderzucker

**PRO STÜCK:**

E: 7 g, F: 23 g, Kh: 38 g, kcal: 390

**1.** Für den Rührteig die Birnen schälen, vierteln, das Kerngehäuse entfernen, das Fruchtfleisch grob raspeln und mit dem Zitronensaft mischen. Eier trennen. Eiweiß mit 1 Prise Salz steif schlagen, dabei 50 g Zucker einrieseln lassen und in etwa 2 Minuten zu einem festen Eischnee schlagen. Der Eischnee muss so fest sein, dass ein Messerschnitt sichtbar bleibt.

**2.** Den Backofen vorheizen.
Ober-/Unterhitze: etwa 180 °C
Heißluft: etwa 160 °C

**3.** Die Butter in einer Rührschüssel mit einem Mixer (Rührstäbe) auf höchster Stufe geschmeidig rühren. Nach und nach den übrigen Zucker, Vanille-Zucker, Zimt und 1 Prise Salz unterrühren. So lange rühren, bis eine gebundene cremige Masse entstanden ist. Eigelb nach und nach unterrühren (jedes Eigelb etwa ½ Minute).

**4.** Mehl, Mandeln und Backpulver mischen. Mehlmischung und ein Drittel des Eischnees in 2 Portionen auf niedrigster Stufe mit dem Mixer unterrühren. Restlichen Eischnee und Birnenraspel vorsichtig unterheben.

**5.** Den Teig in eine Springform (ø 24 cm, gefettet, mit Backpapier belegt) füllen. Die Form auf dem Rost (unteres Drittel) in den vorgeheizten Backofen schieben. Den Boden **50–60 Minuten backen,** dabei evtl. nach 40 Minuten die Form mit Backpapier abdecken. Die Form aus dem Backofen nehmen und den Boden auf einem Kuchenrost abkühlen lassen.

**6.** Für das Kompott die Pflaumen abspülen, abtrocknen, halbieren und entsteinen. Pflaumenmus, Saft und Tortengusspulver in einem Topf verrühren, Pflaumen hinzugeben und alles zusammen aufkochen. Zugedeckt etwa 5 Minuten bei schwacher Hitze dünsten. Kompott abkühlen lassen.

**7.** Den Kuchen vorsichtig aus der Form lösen und waagerecht 3-mal durchschneiden, sodass 4 gleich dicke Böden entstehen. 3 Böden mit je einem Drittel des Pflaumenmuses bestreichen. Böden aufeinandersetzen, mit dem 4. Boden bedecken und gut andrücken.

**8.** Sahne mit Sahnesteif steif schlagen, kuppelartig auf den obersten Boden streichen. Das Kompott darauf verteilen und mit Puderzucker bestäuben.

Lieblingsrezept Nr.

# 33

# PFLAUMEN-HIRSE-KUCHEN

**Zubereitungszeit:** 35 Minuten, ohne Quell- und Abkühlzeit
**Backzeit:** etwa 30 Minuten

**ZUTATEN FÜR 20 STÜCKE**

**ZUM VORBEREITEN:**

600 ml Wasser
200 g Hirse
1 Stange Zimt

**FÜR DEN BELAG:**

1,2 kg reife Pflaumen

**FÜR DEN HIRSEBODEN:**

3 Eier (Größe M)
100 g brauner Zucker
50 g Kartoffelmehl
1 gestr. TL Backpulver
1 EL neutrales Speiseöl

**ZUM BESTREICHEN:**

100 g Aprikosenkonfitüre

**PRO STÜCK:**

E: 2 g, F: 2 g, Kh: 23 g, kcal: 120

1. Zum Vorbereiten Wasser in einem Topf zum Kochen bringen. Hirse und Zimtstange hinzugeben, umrühren und aufkochen. Hirse zugedeckt etwa 20 Minuten bei schwacher Hitze quellen lassen, bis die Flüssigkeit aufgesogen ist. Hirse erkalten lassen. Zimtstange entfernen.

2. Für den Belag die Pflaumen abspülen, trocken tupfen, halbieren und entsteinen. Die Pflaumenhälften nochmals längs durchschneiden.

3. Den Backofen vorheizen. Ober-/Unterhitze: etwa 180 °C Heißluft: etwa 160 °C

4. Für den Hirseboden die Eier in einer Rührschüssel mit einem Mixer (Rührstäbe) kurz aufschlagen. Zucker und 1 Prise Salz in 1 Minute einstreuen, dann noch etwa 2 Minuten schlagen. Kartoffelmehl mit Backpulver mischen. Zuerst Hirse, dann das Kartoffelmehlgemisch und das Öl kurz auf niedrigster Stufe unter die Eiermasse rühren.

5. Den Hirseteig auf ein Backblech (30 x 40 cm, gefettet, mit Kartoffelmehl bestäubt) geben und glatt streichen. Einen Backrahmen darumstellen. Die Pflaumenspalten dachziegelartig in Reihen auf den Teig legen.

6. Das Backblech in den vorgeheizten Backofen schieben. Den Kuchen **etwa 30 Minuten backen.**

7. Das Backblech auf einen Kuchenrost stellen, den Kuchen erkalten lassen.

8. Zum Bestreichen Konfitüre in einem kleinen Topf mit einem Pürierstab pürieren und erhitzen. Die Pflaumenspalten mit der Konfitüre bestreichen und erkalten lassen. Den Backrahmen lösen und entfernen.

**TIPPS:**

Statt der Zimtstange können Sie auch die Schale von ½ Bio-Zitrone (unbehandelt, ungewachst) verwenden. Dafür die Zitrone heiß abwaschen, abtrocknen und dünn schälen.

Kartoffelmehl können Sie auch durch Maisstärke ersetzen.

Lieblingsrezept Nr.
34

# PFLAUMEN-QUARK-SCHNITTEN

**Zubereitungszeit:** 45 Minuten, ohne Kühl- und Abkühlzeit
**Backzeit:** 45–50 Minuten

## ZUTATEN FÜR 12 STÜCKE

**Für den Knetteig:**

200 g Weizenmehl
100 g gem. Haselnüsse
50 g Zucker
2 EL Kakaopulver
1 Ei (Größe M)
150 g Butter

**Für den Belag:**

3 Eiweiß (Größe M)
100 g Zucker
3 Eigelb (Größe M)
300 g Joghurt (3,5 % Fett)
500 g Magerquark
1 Pck. Bourbon-Vanille-Pudding-Pulver
3 blaue und 2 gelbe Pflaumen (etwa 600 g)

**Für den Guss:**

1 Pck. klarer Tortenguss
2 gestr. EL Zucker
100 g ml Apfelsaft

**Zum Verzieren:**

20 g gehobelte Mandeln
10 g Zartbitter-Schokolade

**Pro Stück:**

E: 12 g, F: 21 g, Kh: 40 g, kcal: 410

1. Für den Knetteig Mehl und Nüsse in einer Rührschüssel mischen. Zucker, Kakao, 1 Prise Salz, Ei und Butter in Stückchen hinzufügen und alles mit einem Mixer (Knethaken) zunächst kurz auf niedrigster, dann auf höchster Stufe zu einem glatten Teig verarbeiten. Den Teig zu einer Kugel formen, in Frischhaltefolie gewickelt etwa 30 Minuten kalt stellen.

2. Den Backofen vorheizen. Ober-/Unterhitze: etwa 180 °C Heißluft: etwa 160 °C

3. Für den Belag Eiweiß mit einem Mixer (Rührstäbe) auf höchster Stufe steif schlagen, dabei 20 g Zucker einrieseln lassen.

4. Eigelb, Joghurt, Quark, Puddingpulver und übrigen Zucker in eine Rührschüssel geben und mit dem Mixer (Rührstäbe) verrühren. Eischnee in 2 Portionen auf niedriger Stufe untermischen.

5. Den Teig auf der bemehlten Arbeitsfläche ausrollen. Den Teig in eine eckige Springform (24 x 24 cm, mit Backpapier belegt, gefettet) geben, dabei einen Rand von 3 bis 4 cm hochziehen. Quarkmasse darauf glatt verstreichen.

6. Die Form auf dem Rost in den vorgeheizten Backofen (unteres Drittel) schieben und den Kuchen **45–50 Minuten backen.**

7. Die Form aus dem Backofen nehmen und auf einem Kuchenrost in der Form lauwarm abkühlen lassen.

8. Pflaumen abspülen, trocken tupfen, halbieren, entsteinen und in dünne Spalten schneiden. Fächerartig dicht an dicht auf den Kuchen legen.

9. Für den Guss aus Tortengusspulver, Zucker, Apfelsaft und 150 ml Wasser einen Guss nach Packungsanleitung zubereiten. Den Guss mithilfe eines Esslöffels auf den Pflaumen verteilen und erkalten lassen. Den Kuchen aus der Form lösen.

10. Zum Verzieren Mandelblättchen in einer Pfanne ohne Fett unter Wenden goldbraun rösten. Abkühlen lassen. Schokolade in kleine Stücke hacken, in einem Topf im Wasserbad bei schwacher Hitze unter Rühren schmelzen. Mit einem Löffel die geschmolzene Schokolade graffitiartig über den Kuchen verteilen, Schokolade fest werden lassen. Kuchen mit Mandeln bestreut servieren.

Lieblingsrezept Nr.
35

# PFLAUMEN-ROSETTEN-KUCHEN

**Zubereitungszeit:** 30 Minuten, ohne Abkühlzeit
**Backzeit:** etwa 40 Minuten

## ZUTATEN FÜR 12 ROSETTEN

**Für den Belag:**

750 g Pflaumen
50 g schwarzes Johannisbeergelee

**Für den Quark-Öl-Teig:**

300 g Weizenmehl
1 Pck. Backpulver
75 g Zucker
1 Pck. Vanillin-Zucker
150 g Speisequark (Magerstufe)
6 EL Milch (3,5 % Fett)
6 EL Speiseöl

**Zum Bestreuen:**

50 g abgezogene, gem. Mandeln

**Zum Bestreichen:**

4 EL Pflaumensaft (von den gekochten Pflaumen, evtl. mit Wasser ergänzen)

**Pro Rosette:**

E: 6 g, F: 8 g, Kh: 35 g, kcal: 237

**1.** Für den Belag Pflaumen waschen, trocken reiben, halbieren, entsteinen. Pflaumenhälften in etwa 1 cm dicke Spalten schneiden und nochmals quer halbieren.

**2.** Gelee in einem kleinen Topf unter Rühren erhitzen. Die Pflaumenstücke hinzugeben und unter Rühren bei mittlerer Hitze 1–2 Minuten kochen lassen. Die Pflaumenmasse erkalten lassen. Anschließend in einem Sieb abtropfen lassen, den Saft auffangen.

**3.** Den Backofen vorheizen.
Ober-/Unterhitze: etwa 180 °C
Heißluft: etwa 160 °C

**4.** Für den Quark-Öl-Teig Mehl mit Backpulver mischen und in eine Rührschüssel geben. Zucker, Vanillin-Zucker, Quark, 1 Prise Salz, Milch und Speiseöl hinzufügen.

**5.** Die Zutaten mit Handrührgerät mit Knethaken zunächst kurz auf niedrigster, dann auf höchster Stufe zu einem glatten Teig verarbeiten (nicht zu lange, Teig klebt sonst). Den Teig auf einer leicht bemehlten Arbeitsfläche zu einem Quadrat (etwa 40 x 40 cm) ausrollen und mit Mandeln bestreuen. Pflaumenmasse darauf verteilen. Den Teig aufrollen und 12 Stücke daraus schneiden.

**6.** Die Teigstücke mit der Schnittfläche nach oben von außen nach innen in eine Springform (ø 26 cm, gefettet) setzen. Die Form auf dem Rost in den vorgeheizten Backofen schieben. Den Kuchen **etwa 40 Minuten backen.**

**7.** Zum Bestreichen Pflaumensaft in einem kleinen Topf zum Kochen bringen.

**8.** Die Form auf einen Kuchenrost stellen. Den Kuchen sofort mit dem Pflaumensaft bestreichen. Dann den Kuchen aus der Form lösen und auf einem mit Backpapier belegten Kuchenrost erkalten lassen.

**TIPPS:**

Den noch heißen Kuchen mit gebräunten, gehobelten Mandeln bestreuen.

Sie können statt der Pflaumen auch etwa 400 g Pflaumenmus verwenden.

Lieblingsrezept Nr.
36

# PFLAUMEN-STREUSELKUCHEN

**Zubereitungszeit:** 20 Minuten, ohne Abkühlzeit
**Backzeit:** etwa 50 Minuten

### ZUTATEN FÜR 16 STÜCKE

**FÜR DEN TEIG:**

300 g Weizenmehl
½ TL gem. Zimt
1 Msp. Backpulver
130 g Zucker
1 Eigelb (Größe M)
170 g Butter oder Margarine (zimmerwarm)

**FÜR DIE FÜLLUNG:**

390 g abgetropfte Pflaumenhälften (aus dem Glas)
250 g Schmand (Sauerrahm)

**ZUM BESTÄUBEN:**

evtl. Puderzucker

**PRO STÜCK:**

E: 3 g, F: 13 g, Kh: 26 g, kcal: 232

**1.** Den Backofen vorheizen.
Ober-/Unterhitze: etwa 200 °C
Heißluft: etwa 180 °C

**2.** Für den Teig Mehl mit Zimt und Backpulver in einer Rührschüssel mischen. Zucker, 1 Prise Salz, Eigelb und Butter oder Margarine in kleinen Stücken hinzufügen. Die Zutaten mit einem Mixer (Rührstäbe) zunächst kurz auf niedrigster, dann auf höchster Stufe zu gleichmäßig großen Streuseln verarbeiten.

**3.** Zwei Drittel der Streusel in einer Springform (ø 26 cm, gefettet) verteilen. Streusel in die Form geben und einen Boden und gleichzeitig einen etwa 2 cm hohen Rand andrücken.

**4.** Für die Füllung die abgetropften Pflaumenhälften gleichmäßig, mit der Schnittseite nach oben, auf dem Streuselboden verteilen. Nacheinander Schmand und restliche Streusel darauf verteilen.

**5.** Die Form auf dem Rost in den vorgeheizten Backofen schieben. Den Kuchen **etwa 50 Minuten backen.**

**6.** Das Backblech auf einen Kuchenrost stellen, den Kuchen erkalten lassen. Den Kuchen evtl. mit Puderzucker bestäuben.

**TIPPS:**

Den Pflaumen-Streuselkuchen können Sie auch mit frischen Pflaumen zubereiten.

Der Streuselboden kann ebenso gut mit 350 g abgetropften Kirschen oder Stachelbeeren (aus dem Glas) belegt werden.

Wer es noch fruchtiger mag, backt die untere Streuselschicht bei der angegebenen Backofentemperatur vor. Den Boden etwas abkühlen lassen. Dann die doppelte Menge abgetropfter Pflaumenhälften (780 g) mit 3 Esslöffeln Semmelbröseln und ½ Teelöffel gemahlenen Zimt mischen und in die Form geben. Darauf den Schmand und die restlichen Streusel verteilen. Bei Ober-/Unterhitze: etwa 180 °C, Heißluft: etwa 160 °C etwa 50 Minuten backen.

Lieblingsrezept Nr.

# 37

# PFLAUMEN-TIRAMISU-SCHNITTEN

**Zubereitungszeit:** 40 Minuten, ohne Kühlzeit
**Backzeit:** etwa 15 Minuten

**ZUTATEN FÜR 18 STÜCKE**

**Für den Biskuitteig:**
- 2 Eier (Größe M)
- 2 EL Wasser
- 80 g Zucker
- 1 Pck. Vanillin-Zucker
- 75 g Weizenmehl
- 50 g gem. Mandeln
- 1 gestr. TL Backpulver

**Für die Füllung:**
- 750 g Pflaumen
- 75 g Zucker
- 300 ml roter Traubensaft
- 1 Pck. Rote Grütze Himbeer-Geschmack (Dessertpulver)
- 60 g Zucker
- 100 g Löffelbiskuits

**Zum Tränken:**
- etwa 3 EL Traubensaft

**Für den Belag:**
- 2 Blatt weiße Gelatine
- 250 g Ricotta (ital. Frischkäse)
- 50 g Zucker
- 250 g Schlagsahne (mind. 30 % Fett)

- 30 g geraspelte Zartbitter-Schokolade

**Pro Stück:**
E: 5 g, F: 10 g, Kh: 33 g, kcal: 238

**1.** Den Backofen vorheizen.
Ober-/Unterhitze: etwa 180 °C
Heißluft: etwa 160 °C

**2.** Für den Biskuitteig Eier und Wasser in einer Rührschüssel mit einem Mixer (Rührstäbe) auf höchster Stufe in 1 Minute schaumig schlagen. Zucker mit Vanillin-Zucker mischen, in 1 Minute einstreuen, dann noch etwa 2 Minuten schlagen.

**3.** Mehl mit Mandeln und Backpulver mischen, kurz auf niedrigster Stufe unterrühren. Einen Backrahmen (etwa 20 x 30 cm) auf ein Backblech (mit Backpapier belegt) stellen. Den Teig im Backrahmen verteilen und glatt streichen.

**4.** Das Backblech in den vorgeheizten Backofen schieben. Die Biskuitplatte **etwa 15 Minuten backen.**

**5.** Das Backblech auf einen Kuchenrost stellen. Die Biskuitplatte erkalten lassen.

**6.** Für die Füllung die Pflaumen abspülen, trocken reiben, halbieren, entsteinen und vierteln. Pflaumenviertel mit Zucker und 200 ml des Traubensaftes in einem Topf zum Kochen bringen, etwa 2 Minuten bei schwacher Hitze kochen lassen. Restlichen Traubensaft mit dem Rote-Grütze-Pulver und dem Zucker anrühren, unter die Pflaumenmasse rühren und unter Rühren aufkochen. Das Kompott unter gelegentlichem Rühren abkühlen lassen.

**7.** Das Pflaumenkompott lauwarm auf der Biskuitplatte verstreichen. Die Löffelbiskuits darauf verteilen und mit dem Fruchtsaft tränken. Den Kuchen etwa 2 Stunden in den Kühlschrank stellen.

**8.** Für den Belag Gelatine nach Packungsanleitung einweichen. Die Gelatine leicht ausdrücken und in einem kleinen Topf bei schwacher Hitze unter Rühren auflösen. Ricotta mit Zucker in einer Rührschüssel verrühren, 1 Esslöffel davon mit der Gelatine verrühren, dann unter die restliche Ricottamasse rühren. Sahne steif schlagen und unter die Ricottamasse heben.

**9.** Die Ricottasahne auf die Löffelbiskuits geben und verstreichen. Den Kuchen zugedeckt wieder etwa 60 Minuten in den Kühlschrank stellen.

**10.** Backrahmen lösen und entfernen, mitgebackenes Backpapier entfernen. Pflaumen-Tiramisu-Schnitten zum Servieren mit geraspelter Schokolade bestreuen.

Lieblingsrezept Nr.
38

# ZWETSCHENKUCHEN LÜBECKER ART

**Zubereitungszeit:** 40 Minuten, ohne Abkühlzeit
**Ruhe-/Gehzeit:** etwa 1 Stunde
**Backzeit:** etwa 35 Minuten
**Mit Alkohol**

## ZUTATEN FÜR 20 STÜCKE

### FÜR DEN HEFETEIG:

- 50 g Butter
- 375 g Weizenmehl
- 1 Pck. Trockenbackhefe
- 200 ml lauwarme Milch (3,5 % Fett)
- 1 Pck. Finesse Geriebene Zitronenschale
- 50 g Zucker
- 1 Ei (Größe M)

### FÜR DEN BELAG:

- 1,2–1,5 kg Zwetschen

### FÜR DIE FÜLLUNG:

- 100 g Löffelbiskuits
- 150 g Marzipan-Rohmasse
- 4 Eigelb (Größe M)
- 4 Eiweiß (Größe M)
- 75 g Zucker
- 1 Pck. Bourbon-Vanille-Zucker
- 1–2 EL Rum
- 200 g abgezogene, gem. Mandeln

### PRO STÜCK:

E: 9 g, F: 13 g, Kh: 34 g, kcal: 290

**1.** Für den Hefeteig Butter zerlassen und abkühlen lassen. Mehl in eine Rührschüssel geben und mit Trockenbackhefe sorgfältig vermischen. 1 Prise Salz, lauwarme Milch, Zitronenschale, Zucker, Ei und Butter hinzufügen.

**2.** Die Zutaten mit einem Mixer (Knethaken) zunächst kurz auf niedrigster, dann auf höchster Stufe in etwa 5 Minuten zu einem glatten Teig verarbeiten. Den Teig zugedeckt so lange an einem warmen Ort gehen lassen, bis er sich sichtbar vergrößert hat, etwa 30 Minuten.

**3.** Den Teig auf der leicht bemehlten Arbeitsfläche nochmals kurz durchkneten. Anschließend auf einem Backblech (30 x 40 cm, gefettet) ausrollen.

**4.** Für den Belag Zwetschen abspülen, trocken reiben, halbieren, entsteinen und die Spitzen jeweils etwa ½ cm tief einschneiden.

**5.** Für die Füllung Löffelbiskuits in einen Gefrierbeutel geben. Den Beutel fest verschließen. Löffelbiskuits mit einer Teigrolle zerbröseln. Marzipan in kleine Stücke schneiden, mit Eigelb in einer Rührschüssel mit dem Mixer (Rührstäbe) zu einer einheitlichen Masse verrühren. Das Eiweiß mit 1 Prise Salz steif schlagen.

**6.** Zucker, Vanille-Zucker und Rum nach und nach mit dem Mixer (Rührstäbe) unter die Marzipanmasse rühren. Eischnee, Mandeln und die Biskuitbrösel vorsichtig unterheben. Die Marzipan-Mandel-Masse auf den Teigboden geben und glatt streichen. Die Zwetschgenhälften dachziegelartig auf die Marzipan-Mandel-Masse legen.

**7.** Den Teig nochmals zugedeckt so lange an einem warmen Ort gehen lassen, bis er sich sichtbar vergrößert hat, etwa 30 Minuten.

**8.** Den Backofen vorheizen.
Ober-/Unterhitze: etwa 200 °C
Heißluft: etwa 180 °C

**9.** Das Backblech in den vorgeheizten Backofen schieben. Den Kuchen **etwa 35 Minuten backen.**

**10.** Das Backblech auf einen Kuchenrost stellen. Den Kuchen darauf erkalten lassen.

Lieblingsrezept Nr.
39

# ZWETSCHEN-NUSS-KUCHEN

**Zubereitungszeit:** 45 Minuten, ohne Abkühlzeit
**Backzeit:** etwa 45 Minuten

**ZUTATEN FÜR 24 STÜCKE**

**Zum Vorbereiten:**

1 1/2 kg Zwetschen
150 g gem. Haselnüsse

**Für den Rührteig:**

200 g Butter (zimmerwarm)
150 g brauner Zucker
1 Pck. Bourbon-Vanille-Zucker
5 Eier (Größe M)
300 g Dinkelmehl (Type 630)
2 TL Backpulver
125 ml Milch (3,5 % Fett)

**Für den Belag:**

100 g Walnüsse
100 g Haselnüsse
100 g kalte Butter
2 EL brauner Zucker

**Zum Beträufeln:**

4 EL Ahornsirup

**Pro Stück:**

E: 6 g, F: 22 g, Kh: 25 g, kcal: 325

**1.** Zum Vorbereiten Zwetschen abspülen, trocken reiben, halbieren und entsteinen. Nüsse in einer Pfanne ohne Fett unter Wenden goldbraun rösten. Aus der Pfanne nehmen und abkühlen lassen.

**2.** Für den Rührteig Butter in einer Rührschüssel mit dem Mixer (Rührstäbe) auf höchster Stufe geschmeidig rühren. Nach und nach Zucker, Vanille-Zucker und 1 Prise Salz unterrühren. So lange rühren, bis eine gebundene Masse entstanden ist. Eier nach und nach unterrühren (jedes Ei etwa ½ Minute). Mehl, geröstete Haselnüsse und Backpulver mischen und in 2 Portionen abwechselnd mit der Milch auf mittlerer Stufe unterrühren.

**3.** Den Backofen vorheizen.
Ober-/Unterhitze: etwa 180 °C
Heißluft: etwa 160 °C

**4.** Den Teig auf ein tiefes Backblech (30 x 40 cm, mit Backpapier belegt) geben und glattstreichen. Zwetschgen mit den Schnittflächen nach oben dachziegelartig auf dem Teig verteilen, leicht andrücken.

**5.** Für den Belag Walnüsse und Haselnüsse grob hacken, mischen und auf den Zwetschen verteilen. Butter in Flöckchen daraufsetzen. Mit Zucker bestreuen.

**6.** Das Blech in den vorgeheizten Backofen schieben und den Kuchen **etwa 45 Minuten backen.**

**7.** Die Form auf einen Kuchenrost stellen und den Kuchen etwa 10 Minuten abkühlen lassen. Dann den Kuchen mit Ahornsirup beträufeln und vollständig erkalten lassen. In Stücke schneiden und servieren.

**TIPP:**

Dazu passt geschlagene Sahne.

Lieblingsrezept Nr.
40

# RATGEBER

## HEIMISCHE OBST- UND FRÜCHTE-FAVORITEN

### Die richtige Vorbereitung

Die Auswahl von Obst und Früchten sollte sich immer nach dem saisonalen Angebot und den persönlichen Vorlieben richten. Wichtig ist, die Waren vor dem Backen richtig vorzubereiten, damit der Kuchen auch gelingt. So machen Sie alles richtig:

### Äpfel

(August bis Mai)
Der Handel bietet verschiedene Apfelsorten an. Gut geeignet zum Kuchenbacken sind z. B. Boskop, Cox Orange, Elstar oder Gravensteiner. Die Äpfel schälen, vierteln, entkernen und in Stücke oder Scheiben geschnitten in oder auf den Kuchen geben. Für manche Gebäcke werden die Äpfel wegen ihrer schönen Schale auch ungeschält verwendet. Dann sollten Sie die Äpfel vor dem Zerschneiden heiß abwaschen und abtrocknen.
TIPP: Damit geschälte Äpfel nicht braun werden, kann man sie mit etwas Zitronensaft beträufeln oder bestreichen.

### Birnen

(August bis Dezember)
Die Birnen schälen, vierteln, entkernen und in Stücke oder Scheiben geschnitten verwenden. Da geschälte Birnen an der Luft braun werden, helfen auch hier ein paar Tropfen Zitronensaft. Wenn Birnen nicht geschält werden, sollten sie immer heiß abgewaschen werden und abtropfen. Birnen aus dem Glas oder der Dose lassen sich ebenfalls für die meisten Rezepte verwenden.

### Brombeeren

(Juli bis September)
Brombeeren verlesen, abspülen, abtropfen lassen, auf Küchenpapier legen und trocken tupfen. Brombeeren lassen sich auch tiefgefroren verwenden.

### Erdbeeren

(Mai bis September)
Damit liegt man immer richtig: Erdbeeren abspülen, trocken tupfen und den Stielansatz entfernen. Kleine Früchte ganz lassen, große Früchte halbieren oder vierteln oder in Scheiben schneiden.

### Heidelbeeren

(Juli bis September)
Mit Fingerspitzengefühl arbeiten: Heidelbeeren kurz abspülen, auf Küchenpapier abtrocknen lassen und vorsichtig auf den Teig geben. Werden die Heidelbeeren unter Teige und Füllungen gerührt, sollten Sie das besonders vorsichtig tun, da sie leicht kaputtgehen und stark färben. Kulturheidelbeeren sind größer und färben nicht so stark.

### Himbeeren

(Juni bis September)
Hier heißt es ganz vorsichtig sein: Die empfindlichen Früchte verlesen, evtl. kurz abspülen und gut abtropfen lassen. Himbeeren lassen sich auch tiefgefroren gut verwenden und sind in guter Qualität erhältlich.

### Johannisbeeren

(Juni bis August)
Zum Backen eignen sich bevorzugt die roten und weißgelben Beerensorten. Die abgespülten Johannisbeeren abtropfen lassen. Dann die Rispen am Stiel festhalten und mit einer Gabel die Beeren vorsichtig von den Rispen streifen.

### Sauerkirschen

(Juni bis September)
Alles ist möglich: Kirschen aus dem Glas sollte man gut abtropfen lassen, evtl. auf Küchenpapier geben. Frische Früchte müssen abgespült, entstielt und entsteint werden. Man kann aber auch sehr gut tiefgekühlte Kirschen verwenden.

### Stachelbeeren

(Juni und Juli)
Von Stiel und Blüte befreien, abspülen und trocken tupfen. Gut eignen sich zum Backen die Früchte aus dem Glas, da durch das Einkochen die ansonsten harte Schale weicher ist.

### Zwetschen und Pflaumen

(August bis Oktober)
Als Kuchenbelag eignen sich Zwetschen besser als andere Pflaumensorten. Sie haben ein festeres Fruchtfleisch und lassen sich leichter vom Stein lösen. Früchte abspülen, trocken reiben, halbieren, entsteinen und evtl. leicht einschneiden. Dann werden sie mit der Innenseite nach oben auf den Teig gelegt.

# REGISTER

## APFELKUCHEN


Apfel-Buttermilch-Kuchen ... 4
Apfel-Maronen-Kuchen ... 6
Apfel-Pudding-Kuchen ... 8
Apfel-Schoko-Kuchen ... 10
Apfel-Streuselkuchen ... 12
Apfel-Wein-Kuchen ... 14
Apple Pie ... 16
Gedeckter Apfelkuchen ... 18


## BEERENKUCHEN


Beeren-Sauerrahm-Kuchen ... 20
Erdbeer-Käsekuchen ... 22
Erdbeer-Rhabarber Poke Cake ... 24
Erdbeer-Stracciatella-Torte ... 26
Hannchen-Jensen-Torte ... 28
Pink-Johannisbeer-Cheesecake ... 30
Schweizer Beerenwähe ... 32
Stachelbeerkuchen mit Marzipan ... 34


## BIRNENKUCHEN


Birnenkuchen mit Toffee ... 36
Birnen-Marzipan-Tarte ... 38
Birnen-Mohn-Käsekuchen ... 40
Birnen-Streusel-Kuchen mit Zimt ... 42
Birnen-Schoko-Kuchen ... 44
Birnen-Blätterteig-Tarte ... 46
Flammkuchen mit Birnen ... 48
Rotweinbirnen-Käsekuchen ... 50


## KIRSCHKUCHEN


Donauwellen ... 52
Florentiner Kirschkuchen ... 54
Käsekuchen mit Sauerkirschen ... 56
Kirsch-Joghurt-Schnitten ... 58
Kirsch-Mandel-Kuchen ohne Mehl ... 60
Kirsch-Vanille-Pie ... 62
Kirsch-Zupfkuchen ... 64
Sauerkirsch-Teekuchen ... 66


## PFLAUMEN-/ZWETSCHENKUCHEN


Buchweizen-Pflaumen-Torte ... 68
Pflaumen-Hirse-Kuchen ... 70
Pflaumen-Quark-Schnitten ... 72
Pflaumen-Rosetten-Kuchen ... 74
Pflaumen-Streuselkuchen ... 76
Pflaumen-Tiramisu-Schnitten ... 78
Zwetschenkuchen Lübecker Art ... 80
Zwetschen-Nuss-Kuchen ... 82

Ratgeber ... 84

Bei Fragen, Vorschlägen
oder Anregungen wenden Sie sich
bitte an folgende Telefonnummer
+49 (0) 89-5482515-0 oder an
kontakt@zsverlag.de.


Kaiserstraße 14 b
D-80801 München

ISBN: 978-3-7670-1809-9
1. Auflage 2020

Projektleitung: Karin Garthaus
Redaktion: Carola Reich
Korrektorat: Regina Rautenberg, Nützen
Rezeptentwicklung und -beratung:
Martina Kittler, München
Nährwertberechnungen: Nutri Service, Hennef;
Angelika Ilies, Langen

Coverfoto:
StockFood Studios/PHOTOART GmbH
Foodfotografie:
Barbara Bonisolli, München (S. 27, 53, 69)
Walter Cimbal, Hamburg (S. 15, 25, 43, 85)
Studio Diercks Media GmbH (Silje Paul,
Kai Boxhammer), Hamburg (S. 5, 9, 11, 13, 19, 21, 23, 29, 31, 39, 41, 45, 51, 55, 59, 61, 65, 67, 71, 73, 75, 79, 83)
Eising Studio Food Photo & Video, München (S. 57)
Antje Plewinski, Berlin (S. 17, 33, 37, 63, 77, 81)
StockFood Studios/ Katrin Winkler (S. 35, 47, 49)
Winkler-Studios, Bremen (S. 7)

Gestaltungskonzept:
seidldesign.com, Wolfgang Seidl, Stuttgart
Satz: MDH Haselhorst, Bielefeld
Titelgestaltung: Büro 18, Friedberg/Bayern
Producing: Jan Russok

Druck und Bindung: optimal media GmbH, Röbel

Die Bücher und E-Books unter der Marke
Dr. Oetker Verlag erscheinen als Lizenz in der
ZS Verlag GmbH.
redaktion-oetker@zsverlag.de
www.facebook.de/Dr.OetkerVerlag
Die ZS Verlag GmbH ist ein Unternehmen der
Edel SE & Co. KGaA, Hamburg.

www.zsverlag.de
www.facebook.de/zs-verlag